Karate Kata 3

Wolf-Dieter Wichmann

Karate Kata 3

Bassai-Sho, Kanku-Sho,
Nijushiho, Sochin

FALKEN

Der erste und zweite Band dieser Reihe stammen gleichfalls von Wolf-Dieter Wichmann (Bd. 0683 und 0723).
Im FALKEN Verlag sind zahlreiche weitere Titel zum Thema Budosport erschienen. Fragen Sie bitte Ihren Buchhändler.

CIP-Titelaufnahme der Deutschen Bibliothek

Wichmann, Wolf-Dieter:
Karate Kata 3 / Wolf-Dieter Wichmann. – Niedernhausen/Ts. :
FALKEN.
(FALKEN Sport)
3. Bassai-Sho, Kanku-Sho, Nijushisho, Sochin. – 1990
ISBN 3-8068-1120-2

ISBN 3 8068 1120 2

Titelbild: Art Tech Photo Design Studio Gerhard Burock, Wiesbaden-Naurod
Fotos: Art Tech Photo Design Studio Gerhard Burock, Wiesbaden-Naurod
Wolf-Dieter Wichmann, Bremen
Alfred Heubeck, Nürnberg

Satz mit elektronischer Bildintegration: Grunewald Satz & Repro GmbH, Kassel
Druck: Konkordia Druck GmbH, Bühl/Baden

817 2635 4453 6271

Inhalt

Karate-Do

»Ursprung und Seele des Karatetrainings ist die Kata.« Dieser Ausspruch aller frühen Karatemeister soll diesem Kataband vorangestellt werden.
Wenn man sich intensiv mit der Geschichte und der Entwicklung des modernen Karate von seinen Anfängen um die Jahrhundertwende bis heute beschäftigt, stellt man fest, daß der Verfall der ursprünglich sehr ethischen Idee des Karate in engem Zusammenhang mit der schwindenden Bedeutung der Kata gesehen werden kann. Ursprünglich wurde Karate ausschließlich in Form des Katatrainings betrieben. Kihon (Grundschule) und vor allem Kumite (Partnertraining) gab es nicht. Erst Yasutsune Itosu (1832–1918) (mit dem Beinamen »die heilige Faust«) lehrte erste Grundschulformen. Er war es auch, der

aus Teilen der Kata Kanku-Dai, oder damals Kwanku, die heutigen Heian (Pinan) Kata entwickelte.
Bei Funakoshi, dem Gründer des Shotokan-Stils, ist nachzulesen, wie viele Jahre er nichts anderes studierte als immer wieder Kata.
Das heißt nicht, daß Schüler heute nur noch Kata trainieren und andere Elemente des Karate hintanstellen sollten. Aber die Orientierung nur an eindimensionaler Bewegung wie im Kihon oder an zweidimensionalen Partnerübungen reicht nicht aus.
Gichin Funakoshi sagte: »Das eigentliche Ziel des Karate ist die Hinführung zu einem erhabenen Geist und zur Demut.« Diesen Leitsatz, dieses Trainingsziel könnte man auch so ausdrücken: »Oberstes Ziel im Karate ist eine kontrollierte Ausgewogenheit, verbunden mit einem bescheidenen Auftreten!« Wenn man diesen Satz auf das Katatraining überträgt, bedeutet er:

Bringe Deinen Körper und Deinen Geist ins Gleichgewicht!

Die geringe Beachtung, die Katatraining und -wettkampf im Vergleich zum Kumitewettkampf finden, zeigt, daß die Kata von den meisten Aktiven vernachlässigt wird. Die Diskussion um *Karate-Do*, die heutzutage eingesetzt hat, läßt jedoch hoffen, daß diese Entwicklung zumindest erkannt ist und daß nicht alle Karateka dieser einseitigen Orientierung folgen wollen. Die Wertschätzung, die die Kata wiedererlangt hat, ist ein Teil der Rückbesinnung auf die ursprünglichen Ziele und Ideale des Karate. Das Anliegen des Buches ist es, diese Entwicklung zu unterstützen, die ihr Augenmerk auf die eigentlichen Grundformen richtet.

Kata

Im Kihon (Grundschule) lernt der Übende das Handwerkszeug des Karate. Durch tausendfache Wiederholung schleifen sich die Bewegungen ein und entwickeln sich zu den typischen blitzschnellen Karatetechniken.
Das Kumite (Partnertraining) versetzt den Schüler in die Lage, zum richtigen Zeitpunkt und mit dem richtigen Abstand die Techniken auszuführen. In der Praxis wird eine Vervollkommnung der Technik immer auch mit einer Verbesserung im darauffolgenden Partnertraining einhergehen.
Kata bedeutet wörtlich »Form« und beinhaltet einen Kampf gegen mehrere Gegner. Dabei existieren diese freilich nur in der Vorstellung des Ausübenden oder des Beobachters. Ziel ist es, in einer Abfolge festgelegter Abwehren und Angriffe eine Art Rundumverteidigung auszuführen.
Das moderne Karate, das um die Jahrhundertwende zur heutigen Sportform entwickelt wurde, kennt erst seit Mitte der 30er Jahre den »freien Kampf«, also die heute übliche Form des Wettkampfs. Bis dahin gab es nur Kataturniere, mit denen man das Ziel verfolgte, den besten Karateka herauszufinden. Vielleicht ist durch dieses Beispiel die Bedeutung der Kata als Gradmesser des Karatekönnens besser abzuschätzen.
Je nach Ausbildungsgrad stehen unterschiedliche Übungsziele im Vordergrund: korrekte Technik, richtige Atmung, guter Stand, perfektes »Timing« oder auch Rhythmus und exakte Bewegung entlang der vorgegebenen Linien im Raum.
Man kennt etwa 30–50 verschiedene Kata (je nachdem, ob man die Kata anderer Stilrichtungen mitzählt). Im Shotokan-Karate, auf dessen Techniken sich dieses Buch bezieht, unterscheiden wir vier verschiedene Gruppen von Kata (dabei werden Vorübungsformen wie beispielsweise die Taikyoku-Kata ausgelassen):

1. Gruppe: Heian 1–5, Tekki 1
als Grundkata der Schülergrade

2. Gruppe: Bassai-Dai, Jion, Empi, Kanku-Dai, Hangetsu
als fortgeschrittene Kata bis zum Meister

3. Gruppe: Bassai-Sho, Kanku-Sho, Jitte, Mekyu, Sochin usw.
als Meisterkata der 1. Stufe

4. Gruppe: Unsu, Gojushiho-Dai, Gojushiho-Sho
als Spezialkata für hohe Meister und Kataspezialisten

Jeder Ausbildungsstufe werden somit bestimmte Kataformen zugeordnet. Das erklärt auch, warum die Bewertung einer hohen Kata, wird sie von einem Schüler mit niedrigerem Niveau ausgeführt, immer so schlecht ausfällt. Hohe Kata verlangen eine enorme Bewegungspräzision und einen derart ausgefeilten Rhythmus, wie sie ein Schüler noch nicht erreichen kann. Deshalb dies als Grundsatz und Rat:

Besser eine niedrigere Kata perfekt,
als eine höhere Kata
nur ausreichend beherrschen!

In den Grundkata werden grundsätzlich Übungsziele wie starker Stand, gute Abwehr sowie sichere Bewegung gesteckt. In späteren Kataformen – hervorragendes Beispiel ist die Empi – stehen blitzschnelle Bewegungen und variationsreiche Reflexe im Vordergrund.
Die Entstehung der einfacheren Grundkata ist aus der Aufteilung der ursprünglich allein vorhandenen höheren Kataformen zu erklären. Diese höheren Kata erwiesen sich für den Anfänger als zu schwer, so daß man sie in Einzelkomponenten zerlegte. Interessant ist in diesem Zusammenhang, daß Funakoshi von drei Jahren spricht, die man vom Beginn des Erlernens einer Kata bis zu ihrer Beherrschung brauche. Auch wenn die Vorführung einer Kata durchaus nach einigen Wochen intensiven Trainings gelungen erscheinen mag: Von Beherrschen – im Sinne des Karate – kann dann noch nicht die Rede sein.
Bei der Ausführung der höheren Kata kommt eine Besonderheit hinzu. Anders als bei den Grundkata werden einzelne Techniken veränderbar, interpretierbar. Sie werden mehr von dem individuellen Stil des Vortragenden geprägt, als das bei den Grundkata der Fall sein kann. Mit der Zeit verändern sich auch Teile der Kata. Wer kennt dieses Problem nicht? Ebenso wie im ersten und zweiten Band wird auf diese Variationen und Änderungen wiederum ein besonderes Augenmerk gerichtet. Trotzdem wird es immer wieder zu Veränderungen oder anderen Auslegungen kommen. Das darf den Übenden aber nicht irritieren. Nach ausreichender Information sollte er sich für *eine* Form entscheiden und diese üben. Dabei ist ein wichtiges Kriterium für die Entscheidung der Sinn, die Anwendung der Technik. Ohne den Sinn der Technik zu kennen, ist eine Entscheidung inhaltslose Formsache. Es ist leichtfertig, von einer einzigen richtigen Form zu sprechen. Denn auch hier gilt: andere Länder, andere Sitten – und andere Kataformen.

Übungshinweise

Beim Erlernen der Kata sollte man folgendermaßen vorgehen:
Zuerst wird der grobe Ablauf anhand des Schrittdiagramms geübt. Dabei sind Kraft, Schnelligkeit und Rhythmus noch nebensächlich. Auch Feinheiten der Technik können vernachlässigt werden. Wird der Ablauf im groben beherrscht, so kommen alle fehlenden Punkte hinzu. Dabei ergibt sich dann aus dem Ziel der Techniken, den Anspannungs- und Lokkerungszeiten und dem schnellen und langsamen Ablauf der Techniken der Sinn der Kata. Ohne das exakte Wissen um den Sinn der ausgeführten Technik bleibt eine Kata gewissermaßen immer nur Ballett. Bei sehr guten Katavorführungen indes wird sogar Laien die Bedeutung der Aktionen unmittelbar klar. Die Kata beginnt formal immer mit dem »Angrüßen« im Stand. Dabei schließt der Athlet die Fersen (Musubi-Dachi), legt die Hände an die Oberschenkel an und knickt nur in der Hüfte

ab. Sein Blick ist nach vorn gerichtet. Dies symbolisiert die Achtung und Zurückhaltung, die ein Karateka bei der Ausübung seiner Kampfkunst zeigen soll. Nach dem Gruß steht der Ausführende im Shizentai, in Hachiji-Dachi mit schulterbreit geöffneten Füßen. Er befindet sich im Zanshin – das heißt soviel wie »erwartungsvolle Bereitschaft«.
Jede Kata beginnt grundsätzlich mit einer Abwehr. Das zeigt, daß sie nicht auf Aggression beruht, sondern auf Körperbeherrschung abzielt. Die Kata beginnt immer mit der Blickwendung hin zum »Gegner«. Dann läßt man die Ausholbewegung folgen, um nunmehr zügig, explosiv, aber nicht überhastet in die neue Stellung zu gehen. Jede Bewegung wird mit starker Anspannung (Kime) beendet. Dabei unterscheidet man sehr kurze Anspannungszeiten, normal lange und sehr lange Zeiten (wie bei jedem Kiai).
Bei den Bildern werden die unterschiedlichen Anspannungszeiten wie folgt symbolisiert:

◄ kürzestmögliche Anspannungszeit

■ kurze Anspannungszeit (etwas weniger als 1 Sekunde)

▬ normale Anspannungszeit (etwa 1 Sekunde)

▬K maximale Anspannung (etwa 2 Sekunden mit Kiai)

~ fließender Übergang ohne Anspannung

~◄ langsame, in der Spannung steigende Bewegung über etwa 3 Sekunden hin, mit 1 Sekunde Anspannung zum Abschluß

Fotos, die ein eigenes Kommando beim Zählen der Kata darstellen, sind größer und durchnumeriert. Aus ihnen ergeben sich die einzelnen festgelegten Schritte. Die Bewegungsabläufe auf den numerierten Bildern sind grundsätzlich von vorn gesehen, das heißt von einem Betrachter aus, der dem Vorführenden zu Beginn der Kata gegenübersteht. Entsprechend sind Angaben wie »von der linken Seite aus gesehen« auf die linke Seite des *Betrachters* bezogen! Am Ende der Kata wird der Ablauf noch einmal in einer kurzen Bildfolge und mittels des Schrittdiagramms dargestellt. Anders als in den beiden vorangegangenen Katabänden wird diesmal auf ein durchnumeriertes Schrittdiagramm verzichtet. Es ist wegen der Unübersichtlichkeit der Zahlenanordnung nicht optimal. Das Embusen wird auf ein Diagramm reduziert, das nur die grundsätzlichen Richtungen der Kata und die Ausdehnung im Raum zeigt. Bei einigen höheren Kata, z. B. Nijushiho und Sochin, ist es wichtig, nicht an der Grundlinie, sondern weiter innerhalb des Raumes zu beginnen, damit man auf keinen Fall Punktabzüge wegen Verlassens der Kampffläche riskiert.

Die wichtigsten Punkte des Katatrainings

- Erst die einwandfreie Beherrschung des Ablaufes (Reihenfolge) erlaubt ein Katatraining.

- Jede Technik soll zunächst einmal einwandfrei und ausgeprägt – mit langen Pausen und großen Ausholbewegungen – gefestigt werden.

- Der Rhythmus ist die »Seele« der Kata. Das heißt, daß mit dem für die Kata typischen Wechsel von Anspannung und Entspannung, langsamen und schnellen Techniken, Einatmen und explosivem Ausatmen bis hin zum Kiai die Kata zum Leben erweckt wird.

- Kata ist Kampf!
  Jede Bewegung ist einer spezifischen Situation zugeordnet. Nur wer diese Situation (den Angriff) kennt, wer an dieser Stelle »kämpft«, wer seinen Gegner und dessen Technik »sieht« und *darauf* reagiert, betreibt Kata richtig.

- Kata heißt »Form«. So ist auch dem formellen Ablauf der Kata – Antreten, Angrüßen, Ansagen, Konzentration und Beginn, Start und Ankommen am gleichen Punkt, Zanshin und Abgrüßen zum Abschluß – eine besonders große Bedeutung zuzumessen.

Kata Bassai-Sho

Bassai Sho ist eine Variation der Kata Bassai, die als eine der grundlegenden Kata in vielen verschiedenen Karatestilen trainiert wird. Aber nur in der Itosu-Schule (Shueri-Te) wurden zwei Formen entwickelt: Kata Bassai-Dai und Kata Bassai-Sho.

Bassai-Sho zeichnet sich durch häufigen Wechsel des Schwerpunkts und intensiven Gebrauch des Kokutsu-Dachi aus. Die Benutzung der offenen Hände zur Abwehr der Stockangriffe und die schnellen Drehungen, durch die der Gegner zu Fall gebracht wird, erfordern intensives Training und ein ausgeprägtes Gleichgewichtsgefühl. Die letzten Techniken in Kiba-Dachi erfordern kraftvolle Bewegungen mit festen Ständen. Nur ein Karateka, der ausdauernd und mit hoher Spannung trainiert, wird diese schwierigen Techniken sowohl kraftvoll als auch elegant vortragen können. Das Ende der Kata mit Neko-Ashi-Dachi ist sehr schwierig und zeigt das Kataverständnis und das Koordinationsvermögen des Ausübenden. Die Kata besteht aus 28 Positionen, die in etwa 60 Sekunden vorgetragen werden sollen.

Musubi-Dachi

Vor dem Beginn der Kata schließt man die Füße (rechten Fuß heranziehen) zu Musubi-Dachi.

Ritsu-Rei

Angrüßen

Shizentai

Im Shizentai wird die aufmerksame Spannung vor dem Beginn der Kata angezeigt.

Aufstellung zur Kata Bassai Sho in Heisoku-Dachi

Die linke Handkante liegt auf der oberen Handkante der rechten Hand, die Daumen sind angelegt, die Hände gespannt.

Seitliche Ansicht von links

Beginn des Schrittes mit der Ausholbewegung

Der Schritt ist, wie in der Bassai-Dai, ein Fumi-Komi-Ashi, ein Stampfschritt, der nicht zu hoch ausgeführt werden soll.

Seitliche Ansicht von rechts

(1)

Jodan-Awase-Haishu-Uke in Kosa-Dachi

Die Hüfte ist dabei 45° abgedreht.

■

Seitliche Ansicht von rechts

Ausschnitt

Die offenen Handflächen liegen, mit gestreckten Fingern, eng aneinander, die linke Hand liegt auf der rechten. Der Blick ist geradeaus unter dem linken Unterarm und rechts am rechten Unterarm vorbei auf den Gegner gerichtet.

Erklärung:

Seitliche Abwehr eines Jodanangriffes

Wendung in die Stockabwehr

Gleichzeitig mit der Drehung fallen die Arme aus dem Jodanblock bis in Hüfthöhe, um in gleichmäßigem Schwung zur Abwehr wieder hochgeführt zu werden.

Seitliche Ansicht von rechts

(2)

Morote-Koko-Uke in Kokutsu-Dachi

Beidhändige Stockabwehr

Seitliche Ansicht von rechts

Fassen und Herausdrehen des Stockes durch Heben der linken und Senken und Drehen der rechten Hand

3

Die Höhe des rechten Armes wird durch den (in der Kata fehlenden) Stock bestimmt, der waagerecht gehalten wird.

Seitliche Ansicht von rechts

Erklärung:

Nach der Abwehr des Stockangriffs wirft der Angegriffene seinen Gegner durch Drehen des Stockes

Mit dem Heranziehen und Übersetzen des rechten, hinteren Beines dreht man sich in den Angriff des Gegners hinein. Dabei holt die rechte Hand weit aus, um mit dem Schwung der Drehung eine »Schaufel«-abwehr in der tiefen Hocke auszuführen.

Haito-Sukui-Uke
in Heisoku-Dachi

Erklärung:

Abwehr eines Fußangriffs

4

Tettsui-Uchi
in Heisoku-Dachi

Erklärung:

Mit dem Aufrichten führt man den Schwung der Abwehr über den Kopf weiter, um von oben Tettsui-Uchi als Gegenangriff auszuführen

Vorsetzen in Kokutsu-Dachi

Dabei werden die Hände von der Hüfte her aufwärts zur Stockabwehr geführt.

5

Morote-Koko-Uke
in Kokutsu-Dachi

Stockgreifen und Heben

6

7

Zurückziehen des linken Fußes und Ausholen mit geöffneter rechter Hand an der Hüfte

Haito-Koshi-Kamae
in Heisoku-Dachi

(8A)

Yoko-Geri-Keage mit Haito-Uchi

◄

Erklärung:

Gleichzeitige Abwehr mit Gegenangriff

Der Fuß wird bis zum Knie zurückgeführt und dabei der rechte Arm nach vorn gestreckt, während der linke zu Tate-Shuto-Uke ausholt.

(8)

Tate-Shuto-Uke in Kiba-Dachi ■

Die Abwehr ist mit dem Absetzen beendet.

9A

9

Chudan-Renzuki
in Kiba-Dachi

Durch Umsetzen des linken Fußes
Wendung zum Kokutsu-Dachi mit
großer Ausholbewegung

10

Gleichzeitig:

Gedan und Jodan-Uke
in Kokutsu-Dachi

(11)

Wendung:
Gedan und Jodan-Uke
in Kokutsu-Dachi

Doppelblock

Umsetzen des linken Beines unter den Schwerpunkt mit gleichzeitiger Ausholbewegung zu Shuto-Uke

(12)

Shuto-Uke
in Kokutsu-Dachi

Schritt vorwärts:
Shuto-Uke
in Kokutsu-Dachi

13

Diese Schritte im Kokutsu-Dachi sollten ruhig und fest vorgetragen werden, um der verbreiteten Hast und der damit verbundenen Unsicherheit im Stand vorzubeugen.

14

Schritt vorwärts:
Shuto-Uke
in Kokutsu-Dachi

15

Schritt rückwärts:
Shuto-Uke
in Kokutsu-Dachi

Umsetzen des vorderen Fußes zu Zenkutsu-Dachi

Seitliche Ansicht von links

(16)

Tsukami-Uke in Zenkutsu-Dachi

Finger und Daumen der linken Hand liegen ganz auf dem rechten Handgelenk.

Seitliche Ansicht von links

Ausholbewegung zum
Gedan-Yoko-Geri-Kekomi

Dabei wird das Knie
zwischen den Armen
hochgezogen.

Seitliche Ansicht von links

Gedan-Yoko-Geri-Kekomi mit Kiai

Beide Fäuste werden gleichzeitig an
die Brust gerissen.

Seitliche Ansicht von links

Drehung um 180° mit Zurückziehen des Fußes und Ausholen zum Doppel-Uchi-Ude-Uke

Ansicht von der Rückseite

Ryowan-Uchi-Ude-Uke in Kokutsu-Dachi

Ansicht von der Rückseite

Morote-Ura-Zuki in Kokutsu-Dachi

(Ohne die Fäuste zu drehen!)

◄

(19)

Bei der Ausführung des Ura-Zuki rutscht man mit beiden Füßen 10–15 cm im Kokutsu-Dachi vor. Die Fäuste schnellen sofort in ihre Ausgangsposition zurück.

Ansicht von der Rückseite

Erklärung:

Nach dem Abblocken des Angriffs stößt man zwischen den Armen des Angreifers zu dessen Kinn

Gleichzeitig:

Soto-Nagashi-Uke mit Ashi-Barai

◄

(20A)

Der Ashi-Barai kann in unterschiedlicher Höhe getreten werden. Früher wurde er eher als Nami-Gaeshi in Gedan-Höhe getreten (siehe Erklärung unten). Heute wird er tiefer als normaler Ashi-Barai geführt.

Seitliche Ansicht von der Rückseite

Erklärung:

Indem man in den Angriff des Gegners hineingeht, wehrt man gleichzeitig den Fuß- und den Faustangriff ab

(A) (B)

Die Fortsetzung der Soto-Nagashi-Uke-Bewegung ist möglich, indem man flüchtig in der Luft die Fäuste zusammenführt und mit dem Morotezuki absetzt (europäische Form A), oder indem man mit der Ausholbewegung an der Hüfte absetzt (Koshi-Kamae), um im Stand als neue Bewegung den Morotezuki auszuführen (japanische Form B). Die Ausführung A ist bei uns gebräuchlicher.

Seitliche Ansicht von links

Morotezuki in Kiba-Dachi

Beim Morotezuki wird der eine Arm ganz gestreckt, während der andere soweit wie möglich vom Ellbogen ab geradlinig gestreckt wird.

(20)

Erklärung: Gegenangriff

Ausholbewegung zum
Tettsui-Uchi

(21)

Im Stand:

Tettsui-Uchi
in Kiba-Dachi

◄

Seitliche Ansicht von links

(22)

K

Schritt vorwärts:

Oizuki
in Zenkutsu-Dachi mit Kiai

Wendung um 180° in

Soto-Nagashi-Uke
mit Ashi-Barai

23A

Koshi-Kamae

23

Morotezuki
in Kiba-Dachi

(24A)

Soto Nagashi Uke
mit Ashi Barai

(24)

Morotezuki
in Kiba-Dachi

(25A)

Soto Nagashi Uke
mit Ashi Barai

(25)

Morotezuki
in Kiba-Dachi

Abwehrbewegung (Übergreifen zum Jodanblock)

Seitliche Ansicht von links

Die rechte Hand wird heruntergezogen, während die linke hoch über den Kopf geführt wird, um von dort dann gleichzeitig mit der rechten Hand nach unten zu ziehen. Der linke Fuß wird dabei in einer Auswärtskreisbewegung (Ashigake) zur Seite geführt.

Seitliche Ansicht von links

(26)

Morote-Hiki-Otoshi in Neko-Ashi-Dachi

In der Endphase ziehen die Hände kraftvoll in die Richtung des Unterbauchs, während sich die Hüfte in den Neko-Ashi-Dachi senkt.

Erklärung A:

Mit der rechten Hand wird der Stockangriff geblockt

Die linke Hand faßt hinzu,…

…um den Stock zu drehen und den Gegner in der Abwärtsbewegung…

…zu werfen

Erklärung B:

Die linke Hand blockt einen Angriff gleichzeitig mit Ashi-Gake ab,...

...der Gegner wird geworfen...

...und mit dem Fuß attackiert

Übersetzen mit dem linken Fuß nach rechts, Block mit der linken Hand

(27)

Jodanblock mit rechts, Ashigake rechts

(28)

Morote-Hiki-Otoshi in Neko-Ashi-Dachi

Yame

Endstellung der Kata in Heisoku-Dachi

Shizentai

Ritsu-Rei

Schlußstellung

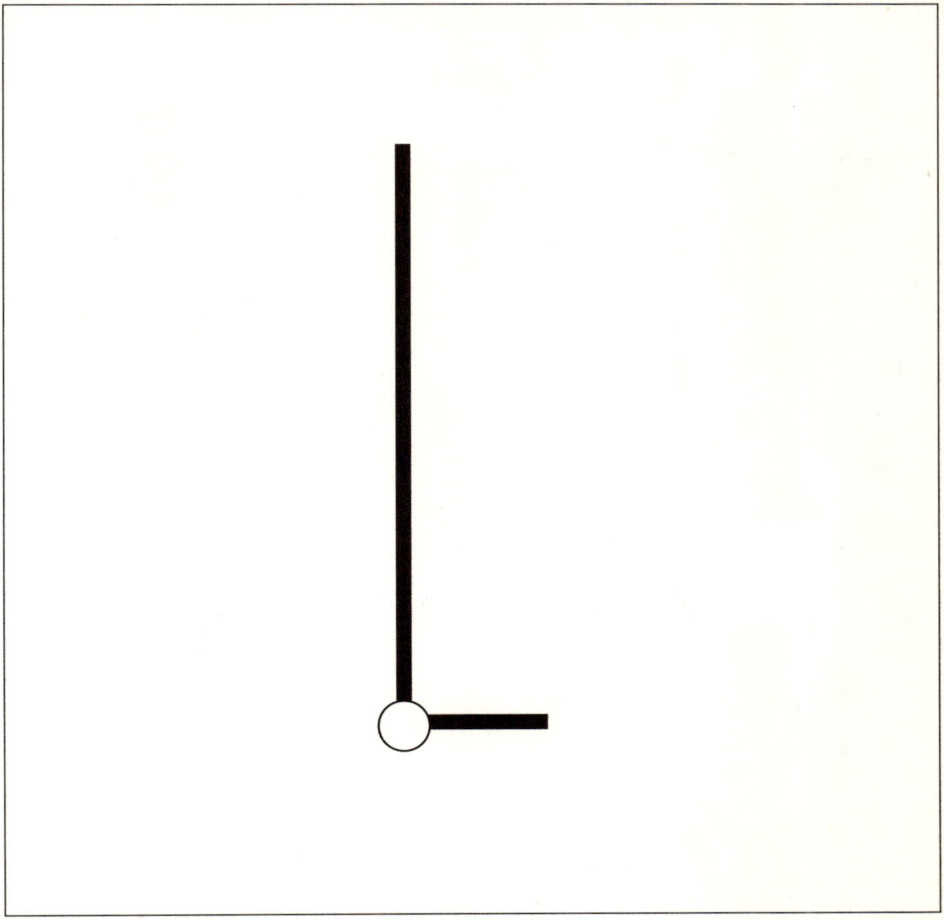

Schrittdiagramm (Embusen) der Kata Bassai-Sho

Ablauf der 28 Stellungen der Kata Bassai-Sho in Einzelbildern

9A

9

10

11

12

13

14

15

16

17

18

19

20A

20

21

22

23A

23

24A

24

25A

25

26

27

28

Kata Kanku-Sho

Wie die Bassai-Sho stammt auch die Kanku-Sho aus der Schule von Itosu-Sensei. Dieser hat die alte Kata Kwanku oder Kushanku, die als Kanku-Dai weiterexistiert, zu Kanku-Sho verändert. Sie gilt, ebenso wie die Kanku Dai, als eine typische Shotokan-Kata. Anders als mit der Kanku-Dai, bei der immer wieder Jodan-Techniken angewendet werden, trainiert man mit der Kanku-Sho vor allem Chudan-Techniken. Sie erfordert kraftvolle, wuchtige Bewegungen mit sicheren Ständen. Die häufigen Wendungen stellen hohe Anforderungen an die Stabilität des Ausführenden. Auch die Sprünge, vor allem der doppelte Sprung der Positionen 33 und 34, verlangen intensives Training und eine ausgeprägte Kondition. Die Kata paßt sehr gut zu kräftig gebauten, nicht zu großen Karateka, die ihre Kompaktheit gut als Wesenselement der Kata einsetzen können. Der Rhythmuswechsel von schnellen Kombinationen zu einzelnen, wuchtigen Passagen darf nicht durch einen hastigen, gleichförmigen Vortrag verflacht werden.
Diese Kata hat 39 Positionen, die innerhalb von etwa 75 Sekunden vorgetragen werden.

Formlose Aufstellung

Ritsu-Rei
in Musubi-Dachi

Angrüßen

Yoi
in Shizentai

Gespannte Aufmerksamkeit
vor Beginn der Kata

Die Kata Kanku-Sho gehört zu den Kata der Oberstufe, die direkt aus dem Shizentai beginnen.

Ausholbewegung zum Morote-Uchi-Ude-Uke
unter Wegsetzen des *rechten* Fußes in Kokutsu-Dachi

Man holt schnell und kräftig aus. Entscheidend ist hierbei, daß das Beenden der Abwehr und das Absetzen des rechten Fußes gleichzeitig erfolgen.

Morote-Uchi-Ude-Uke
in Kokutsu-Dachi

■

①

Ausholbewegung mit Wegsetzen
des linken Fußes

Morote-Uchi-Ude-Uke
in Kokutsu-Dachi

■

②

Ausholbewegung und Zurücksetzen des rechten Fußes

3

Morote-Uchi-Ude-Uke in Kokutsu-Dachi

Wichtig für einen gelungenen Vortrag ist die rhythmische, schnell aufeinanderfolgende Ausführung dieser drei Techniken.

4A

Schritt vorwärts:

Oizuki in Zenkutsu-Dachi

Erklärung

④

Im Stand:

Uchi-Ude-Uke in Zenkutsu-Dachi

Die Abwehr wird ohne Ausholbewegung in einem kleinen Auswärtsschwung durchgeführt.

Seitliche Ansicht von rechts

Erklärung A:

Der Gegner faßt den gestreckten Arm, aber durch eine Dreh-Zug-Bewegung wird sein Griff gelöst

Erklärung B:

Abwehr eines Gegenangriffs

5A

Schritt vorwärts:

Oizuki
in Zenkutsu-Dachi

5

Im Stand:

Uchi-Ude-Uke

6

K

Schritt vorwärts:

Oizuki in Zenkutsu-Dachi
mit Kiai

Wendung um 180° (Umsetzen des hinteren Beines) in Zenkutsu-Dachi mit Aushol-(Abwehr-)bewegung zum Tsukami-Uke

◄

Seitliche Ansicht von rechts

(7)

Tsukami-Uke in Zenkutsu-Dachi

Die linke Hand umfaßt das rechte Handgelenk.

~◄

Seitliche Ansicht von rechts

Erklärung:

Block des angreifenden Gegners

Mae-Geri

Die geschlossene Faust wird gleichzeitig an die Hüfte zurückgerissen.

Seitliche Ansicht von rechts

(A)

(B)

Die zurückgezogene Faust kann in verschiedenen Positionen gehalten werden: Entweder wird sie in die Normalposition gedreht (A), oder sie bleibt in der Arbeitsposition wie beim vorangegangenen Ziehen (B).

Erklärung:

Der Gegner wird herangezogen und mit Mae-Geri angegriffen

Absetzen mit gleichzeitiger Abwehr links (Otoshi-Uke) und Ausholen zum Uraken-Uchi

Seitliche Ansicht von rechts

Erklärung

8

Absetzen in

Tate-Uraken-Uchi
in Kosa-Dachi

■

Seitliche Ansicht von rechts

Erklärung

Ausholen zu Uchi-Ude-Uke
mit gleichzeitigem Zurücksetzen
des linken Beines in Zenkutsu-Dachi

Seitliche Ansicht von rechts

Uchi-Ude-Uke
in Zenkutsu-Dachi

■

⑨

Wenn das Zurücksetzen besonders dynamisch ausgeführt wird, rutscht man ein wenig in der Stellung zurück.

Seitliche Ansicht von rechts

10A

Im Stand:

Gyaku-Zuki
in Zenkutsu-Dachi

◀

Seitliche Ansicht von rechts

10

Im Stand:

Choku-Zuki
in Zenkutsu-Dachi

■

Dieser Renzuki (Doppelstoß) soll sehr schnell und auf ein Ziel gerichtet ausgeführt werden.

Seitliche Ansicht von rechts

Ausholen zur Wendung um 180° (Umsetzen des hinteren Beines) mit Doppelabwehr

Die Blickwendung mit der Ausholbewegung muß unbedingt *zuerst* erfolgen, um die Drehung der Hüfte als wichtigen Kraftimpuls nutzen zu können.

11

Gleichzeitig:

Gedan- und Chudan-Uke in Kokutsu-Dachi

■

Seitliche Ansicht von links

Erklärung:

Gleichzeitige Abwehr zweier Angreifer

Ausholbewegung zum
Aufstehen

Gleichzeitiges
langsames Abwehren
und Zurückziehen
des linken Fußes

(12)

Gedan-Barai
in Renoji-Dachi

Seitliche Ansicht von rechts

Erklärung der letzten Technik (als Alternative zur reinen Gedan-Barai-Abwehr):

Nach der Abwehr des Gegners...

...wird dieser gefaßt...

...und unter gleichzeitigem Aufstehen...

...geworfen

Ausholbewegung
zum Tsukami-Uke

◄

Herunterdrücken zu

Tsukami-Uke
in Zenkutsu-Dachi

~◄

(13)

(14A)

Mae-Geri
Wie ⑧ mit gleichzeitigem
Zurückziehen der Faust

◄

Absetzen mit Abwehr (links) und Ausholen zu Uraken-Uchi

(14)

Tate-Uraken-Uchi in Kosa-Dachi

■

Ausholbewegung zum Uchi-Ude-Uke

Uchi-Ude-Uke
in Zenkutsu-Dachi

(15)

Gyakuzuki

(16A)

Chudan-Renzuki
in Zenkutsu-Dachi

(16)

Choku-Zuki

Wendung mit gleichzeitiger
Ausholbewegung

⑰

Gleichzeitig:

Gedan- und Chudan Uke
in Kokutsu-Dachi

⑱

Aufstehen mit

Gedan-Barai
in Renoji-Dachi

(wie ⑫)

Wendung um 90° nach links in

Gedan-Jodan-Uke in Kokutsu-Dachi

(19)

Von dort werden die Fäuste in die Nähe der Hüfte zurückgenommen, um zum Morote-Zuki auszuholen.

Ansicht von der Rückseite

(20)

Seitliches Hereinrutschen in

Morote-Zuki in Kiba-Dachi

Ansicht von der Rückseite

(21)

Wendung um 180° (Umsetzen des rechten Fußes) in

Gedan-Jodan-Uke in Kokutsu-Dachi

Ausholbewegung

(22)

Morote-Zuki in Kiba-Dachi

(A)

Ansatz zur Stockabwehr

Der linke Fuß wird unter den Schwerpunkt gesetzt, während die *rechte* Hand einen Jodanblock ausführt.

Diese Form (A) ist die gebräuchlichere, harmonischere, aber auch schwierigere Ausführung. Man kann auch, Form (B), unter Auslassen der Jodanblockbewegung rechts, gleich beim Umsetzen den *linken* Arm zum Jodanblock heben (B).

(B) Ansicht von der Rückseite

(B) Seitliche Ansicht von links

23

Vorsetzen des rechten Fußes in

Bo-Uke
in Kokutsu-Dachi

(Stockabwehr)

Seitliche Ansicht von links

24

Vorrutschen mit

Bo-Tsuki
in Kokutsu-Dachi

(Stockstoß)

Seitliche Ansicht von links

Erklärung Form A:

Während des Heranführens des linken Fußes unter den Körper rechts mit Jodan blocken

Im Vorgehen den Stock drehen...

...und den Griff des Gegners brechen

In einer Gegenbewegung den Stock vorstoßen und den Gegner werfen

Erklärung Form B:

Blocken, während der Fuß herangezogen wird

Vorsetzen des Fußes mit Stockfassen

Drehen des Stockes mit Stoßen und Werfen des Gegners

Absprung vom linken Bein mit Hochreißen der Arme

Sprung mit Ausholbewegung zum Shuto-Uke

Bei diesem Sprung ist es wichtig, beide Füße hoch anzuziehen. Das gibt dem Sprung zum einen die notwendige Höhe (so kann man dem Stock des Gegners besser ausweichen), zum anderen wird dadurch die Landung – nach einer Drehung um 360° – erleichtert.

25

Landung mit

Shuto-Uke
in Kokutsu-Dachi

■

Seitliche Ansicht von links

Erklärung

Heranziehen des linken Fußes zum Standbein

Dabei werden die Fäuste zur rechten Hüfte in Koshi-Kamae genommen.

Yoko-Geri
mit Yoko-Uraken-Uchi

26A

26

Absetzen mit

Gyaku-Mae-Empi
in Zenkutsu-Dachi

Wendung mit Heranziehen des rechten Beines zum Knie und Koshi-Kamae

Yoko-Geri
mit Yoko-Uraken-Uchi

27A

27

Absetzen mit

Gyaku-Mae-Empi
in Zenkutsu-Dachi

Wendung auf der Stelle
in Zenkutsu-Dachi 45°

◀

Tsukami-Uke
in Zenkutsu-Dachi

(28)

Ansicht von der Rückseite

29A

Mae-Geri

Die Faust wird an den Körper zurück gerissen.

29

Absetzen mit

Uraken-Uchi in Kosa-Dachi

30

Zurücksetzen mit

Uchi-Ude-Uke in Zenkutsu-Dachi

Chudan-Renzuki in Zenkutsu-Dachi

31A

Gyaku-Zuki

31

Choku-Zuki

Ausholen zum
Haishu-Uke

Seitliche Ansicht von links

(32)

Haishu-Uke in Zenkutsu-Dachi

Der linke Arm wird parallel zum Boden gehalten.

Seitliche Ansicht von links

Erklärung

(33A)

Mika-Zuki-Geri

(Wird in der Drehung zum Sprung gegen die ausgestreckte Hand ausgeführt)

◄

Seitliche Ansicht von links

Erklärung

Sprung mit Drehung um 360°

Wichtig für das Gelingen des Sprunges ist: energisches Hochreißen des rechten Beines (Mikazuki-Geri), kugelförmiges Schließen des Körpers in der Luft, um die Drehung zu beschleunigen, frühes Öffnen in den Stand (Ushiro-Geri), um die Drehung abzustoppen.

33

Landung mit

Ushiro-Geri

Die Landung erfolgt auf einer Linie. Die Ferse des linken Fußes soll dabei festen Bodenkontakt haben, auch wenn das anatomisch ungünstig ist (Verletzungsgefahr im Knie).

Erklärung:

Aus dem Sprung wird ein Ushiro-Geri gegen den nachsetzenden Gegner getreten

Seitliche Ansicht von links

Sofortiges Umspringen nach der Landung

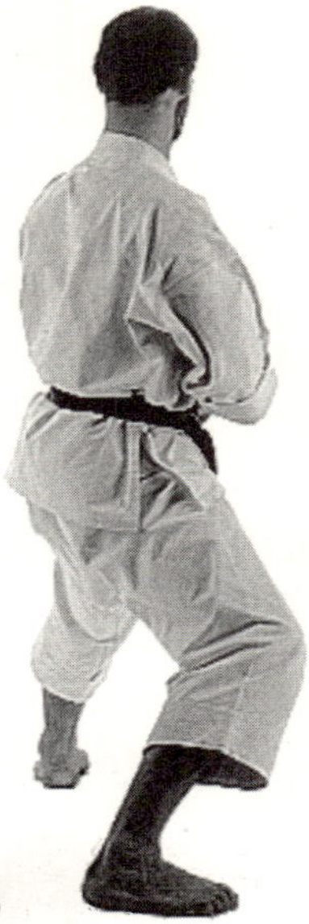

34

Landung mit

Morote-Gedan-Shuto-Uke in Kokutsu-Dachi

Die rechte Hand wird auch zur Abwehr benutzt und liegt daher an der linken kurzen Rippe.

Seitliche Ansicht von rechts

35

Schritt vorwärts mit

Chudan-Shuto-Uke in Kokutsu-Dachi

Wendung um 90° nach rechts, um den vorderen Fuß, mit Ausholbewegung

36

Uchi-Ude-Uke
in Zenkutsu-Dachi

37

Schritt vorwärts:

Oizuki in Zenkutsu-Dachi

38

Wendung um 180°
um den hinteren Fuß in

Uchi-Ude-Uke
in Zenkutsu-Dachi

39

Schritt vorwärts:

K

Oizuki in
Zenkutsu-Dachi mit Kiai

Yame

Aufstehen mit Zanshin in Shizentai

Ritsu-Rei in Musubi-Dachi

Abgrüßen

Entspannung

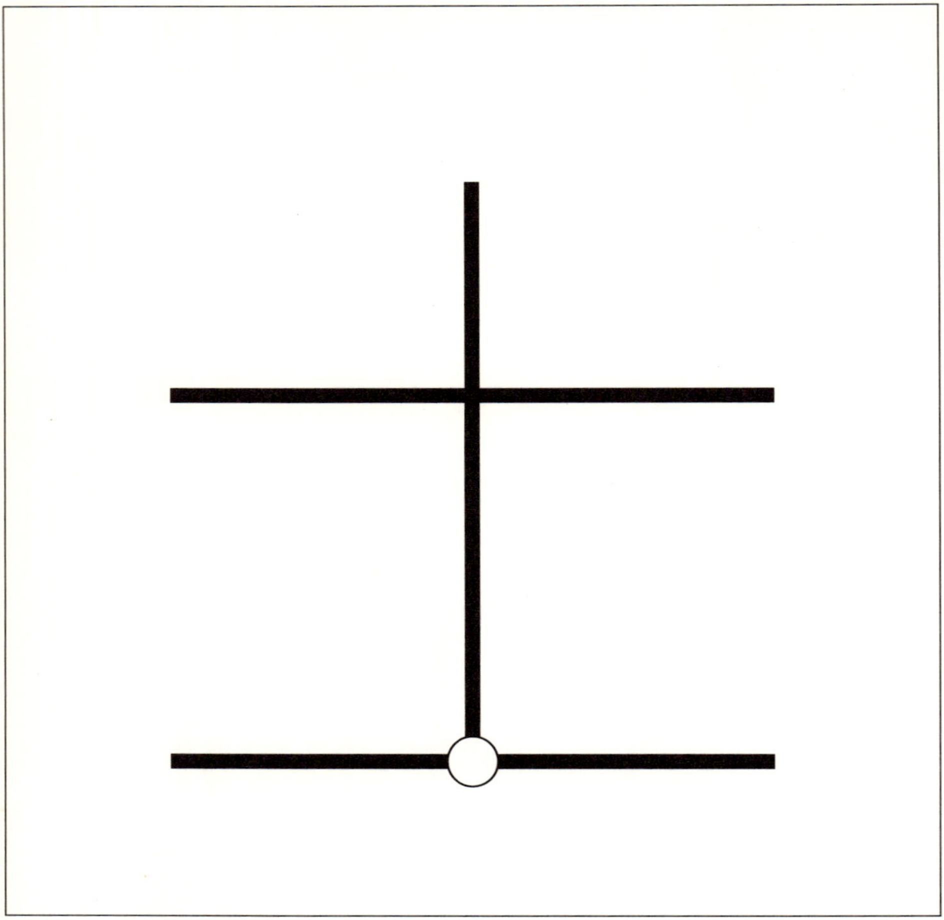

Schrittdiagramm (Embusen) der Kata Kanku-Sho

Ablauf der 39 Stellungen der Kata Kanku-Sho in Einzelbildern

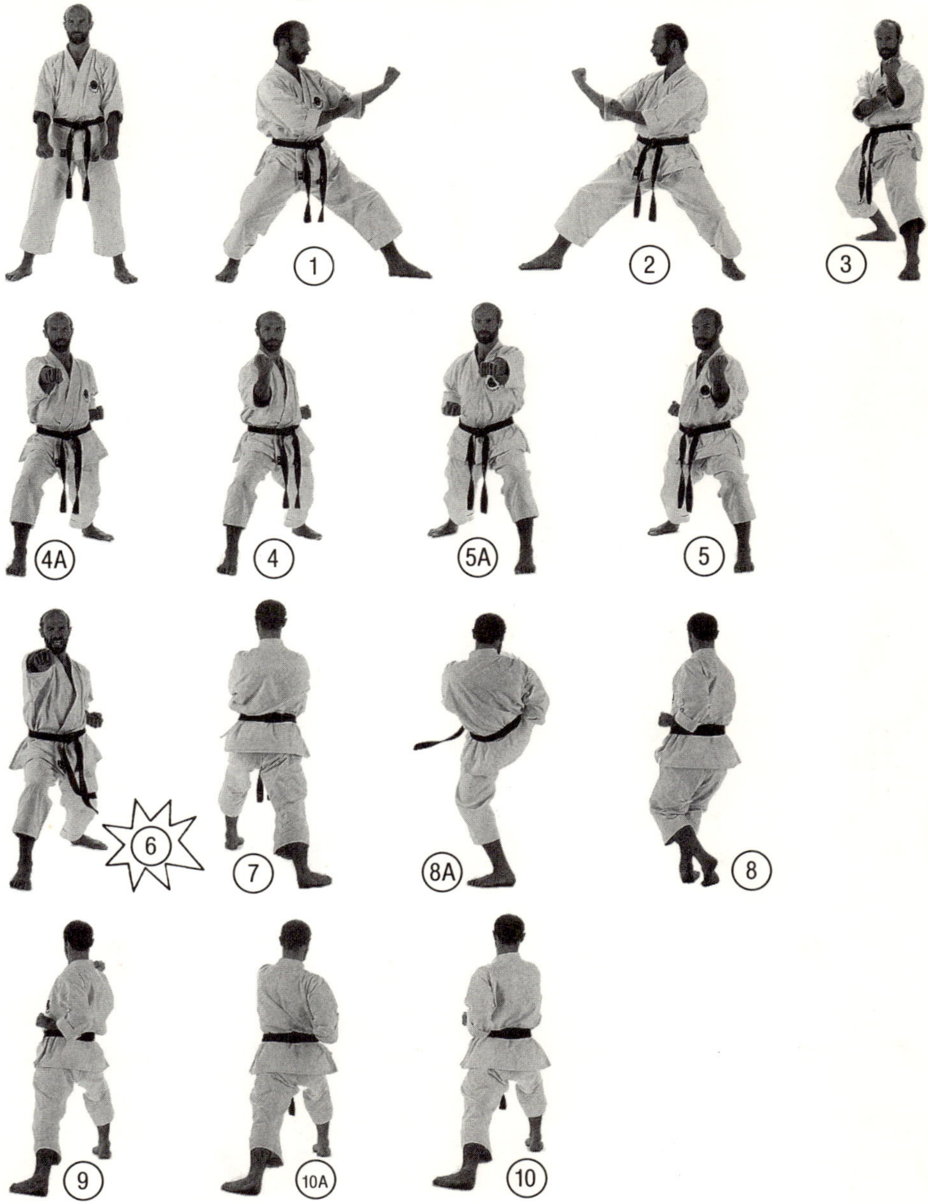

11

12

13

14A

14

15

16A

16

17

18

19

20

21

22

23

24

25

26A

26

27A

27

28

29A

29

30

31A

31

32

33A

33

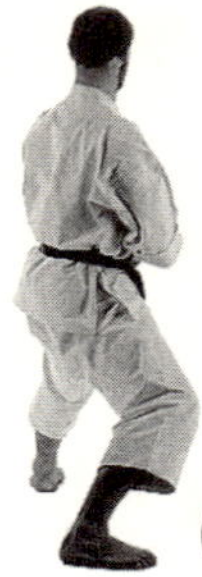
34

35

36

37

38

39

Kata Nijushiho

Nijushiho ist eine Kata, die zur Niigaki-Schule gehört. Sie wird auch »Niseshi« genannt und gehört damit in die gleiche Gruppe wie Unsu und Sochin. Diese Kata sind nicht aus den drei ursprünglichen Karate-Schulen der Insel Okinawa entstanden, dem Shuri-Te und dem Tomari-Te, aus denen sich Shotokan entwickelt hat, und dem Naha-Te, das u. a. dem Gojo-Ryu zugrunde liegt. Ihre Herkunft ist daher ungewiß. Trotzdem wird sie in verschiedenen Stilen des Shorin-Ryu (Shotokan, Wado-Ryu, Shito-Ryu) geübt. Sie zeichnet sich durch fließende Bewegungen und einen immer wieder spürbaren Wechsel zwischen langsamem Spannungsaufbau und explosiver Lösung in starke Empi-Techniken (in drei verschiedenen Ausführungen!) aus. Die häufige Anwendung offener Handtechniken entspricht mehr der Naha-Te-Schule und erfordert besonderes Training, um sie ebenso wirkungsvoll durchzuführen wie Fausttechniken. Die Bewegung beim ersten Kiai, die den Gegner irritieren soll, findet sich in ähnlicher Form in der Kata Unsu. Um sie und die folgende Mae-Geri-Abwehr mit offenen Händen überzeugend anwenden zu können, bedarf es einer besonderen Kraft und Ausstrahlung des

Vortragenden, die nur durch intensives Bemühen um den Sinn dieser Techniken erreicht werden kann.
Auch wenn der Ablauf der Kata leicht zu erlernen ist, sollte sie erst nach langjähriger Karatepraxis vorgeführt werden!
Diese Kata beinhaltet 24 Positionen, die in 60 Sekunden vorgetragen werden.

Formlose Aufstellung

Ritsu-Rei

Gruß im Stand (Musubi-Dachi)

Yoi
in Shizentai

Gespannte Aufmerksamkeit
vor Beginn der Kata

Ausholen und Beginn des Zurücksetzens

Neben der hier gezeigten Form gibt es auch die Möglichkeit, mit beiden (geöffneten) Händen auszuholen.

Die Ausholbewegung erfolgt gleitend ohne Arretierung am Beginn der Bewegung. Sie soll im Zusammenwirken mit der Rücksetzbewegung in Kokutsu-Dachi ausgeführt werden, so daß die Ziehbewegung gleichzeitig mit der Rückrutschbewegung des vorderen Fußes endet.

Seitliche Ansicht von links

1

Chudan-Osae-Uke in Kokutsu-Dachi

Erklärung

(2A)

Vorrutschen in

Kokutsu-Dachi
mit Gyaku-Zuki

◄

Seitliche Ansicht von links

Erklärung

Ausholbewegung gleichzeitig mit dem Vorsetzen des linken Fußes

Seitliche Ansicht von links

Empi-Uchi
in linksseitigem Shizentai

②

Seitliche Ansicht: Fortsetzen der Bewegung unter Heranziehen des hinteren Fußes bis in die Endstellung

Erklärung:

Gegenangriff in die Achsel

Seitliche Ansicht von links

Wendung um 180° auf dem linken Fuß in Sanchin-Dachi mit Aushol- und (Abwehr-)bewegung

Fortsetzung der Bewegung

Ansicht von der Rückseite

Sanchin-Dachi

Um Sanchin-Dachi einzunehmen, öffnet man die Füße aus Musubi-Dachi (A) durch Heraussetzen der Fersen (B) und stellt dann einen Fuß auf die Linie der Zehen des hinteren Fußes (C).

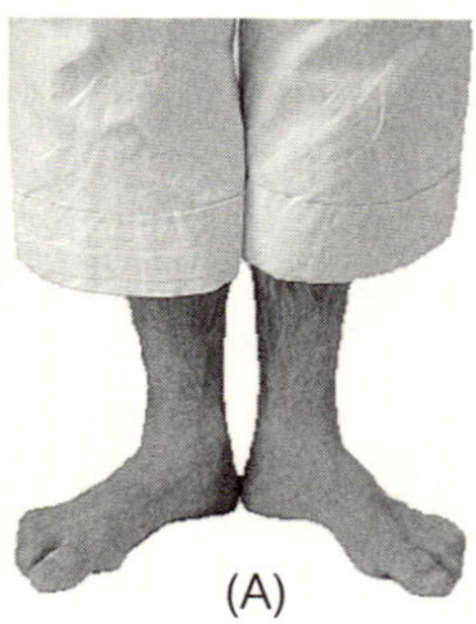

(A)

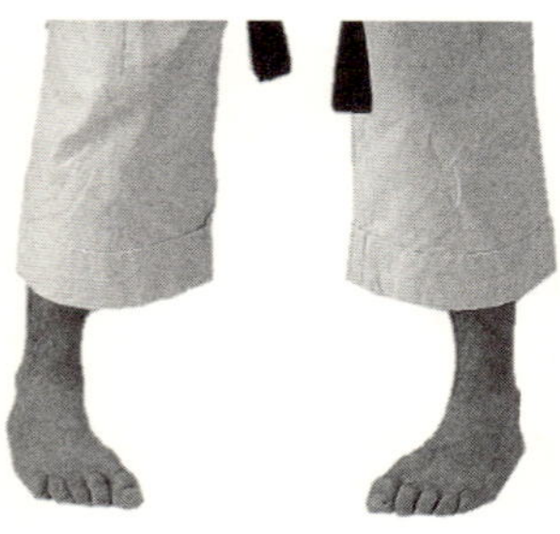

(B)

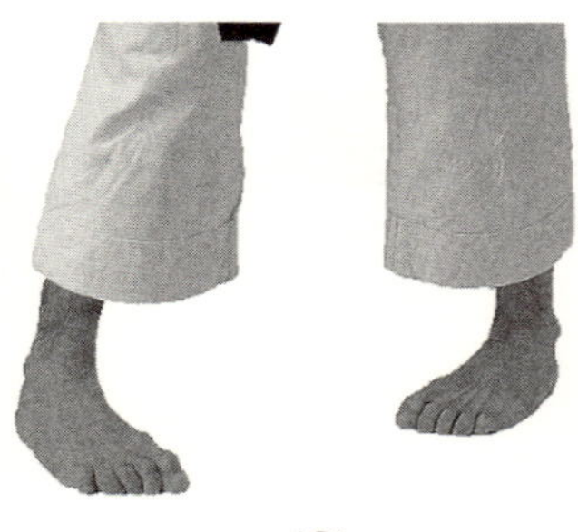

(C)

Morote-Koshi-Kamae
in Sanchin-Dachi

(3A)

Ansicht von der Rückseite

Erklärung:

Aus der Drehung wird der Gegner mit Jodan geblockt …

… und sein Gleichgewicht durch Vorziehen gebrochen

Awase-Zuki
in Sanchin-Dachi

■

(3)

Seitliche Ansicht von links

Erklärung

Hasami-Uke in Kata-Ashi-Dachi

(Scherblock)

◀

4A

Das Heben des Knies ist eine Ausweichbewegung oder ein zusätzlicher Block.

Seitliche Ansicht von links

Erklärung

(4)

Absetzen mit

Kakiwake-Uke in Zenkutsu-Dachi

Seitliche Ansicht von links

Im Absetzen wird mit überkreuzten Armen zum Kakiwake-Uke ausgeholt.

Erklärung

Umsetzen (Wendung um 90° auf dem rechten Fuß mit Ausholbewegung rechts)

Dabei wird die linke Hand bis an die Hüfte zurückgezogen.

5A

Age-Uke
in Zenkutsu-Dachi

◄

5

■

Jodan-Gyaku-Tate-Empi-Uchi
in Zenkutsu-Dachi

Umsetzen in Kiba-Dachi (auf dem linken Fuß) und Ausholen zum Tate-Shuto-Uke

Ansicht von der Rückseite

6

Tate-Shuto-Uke in Kiba-Dachi

Ansicht von der Rückseite

Erklärung

(7A)

Yoko-Geri-Kekomi

Hierbei wird die rechte
Faust an die
Hüfte zurückgerissen.

◄

Ansicht von der Rückseite

Erklärung

(7)

Absetzen mit

Gyaku-Zuki in Kiba-Dachi

■

Ansicht von der Rückseite

Erklärung

Große Ausholbewegung zum
Tate-Shuto-Uke

Tate-Shuto-Uke
in Kiba-Dachi

(8)

Yoko-Geri-Kekomi

(9A)

Die Faust wird
zurückgerissen.

(9)

Absetzen mit

Gyaku-Zuki
in Kiba-Dachi

Zurückziehen des linken Fußes mit

Chudan-Maki-Otoshi-Uke

◄

(10A)

Ansicht von der Rückseite

Erklärung

(10)

Vorsetzen des rechten Fußes in

Zenkutsu-Dachi
mit Teisho-Awase-Zuki

Erklärung:

Gegenangriff

(11)

Wendung um 180° in

Jodan-Haito-Uchi und
Gedan-Haito-Uke
in Zenkutsu-Dachi

Erklärung:

*Gleichzeitiger Gegenangriff (Jodan)
und Block eines Fußangriffs (Gedan)*

Jodan-Haishu-Uchi in Heisoku-Dachi mit Kiai

Die Dynamik in dieser Position wird vor allem durch das schwungvolle Aufstehen in exakter Verbindung mit dem Hochreißen der linken Hand erreicht.

Erklärung A:

Irritieren (Erschrecken) eines Gegners

Erklärung B:

Gegenangriff

13A

Gedan-Sukui-Uke mit Gedan-Teisho-Uke in Sochin-Dachi

◄

Die Ausführung in Sochin-Dachi ist sinnvoller als die in Zenkutsu-Dachi, da sie der natürlichen Bewegung bei diesem Block mehr entspricht. Sie wird aber auch in Zenkutsu-Dachi ausgeführt.

Erklärung:

Erfassen und Blockieren des Mae-Geri-Angriffs

13

Gedan-Awase-Zuki in Sochin-Dachi

■

Beide Bewegungen werden sehr schnell hintereinander ausgeführt, ohne die angemessene Arretierung zu vernachlässigen.

Erklärung:

Gegenangriff mit Doppelzuki auf das Schienbein

Ausholbewegung mit Umsetzen
zu Kokutsu-Dachi (45°)

Dabei wird weit ausgeholt und der linke Fuß in die Linie des Kokutsu-Dachi gebracht.

(14)

Haishu-Uke
in Kokutsu-Dachi

Erklärung

15

Schritt vorwärts in

Kiba-Dachi
mit Jodan-Tate-Empi

■

Erklärung

Hereinrutschen mit

Gedan-Gyaku-Zuki
und Jodan-Nagashi-Uke
in Kiba-Dachi

◄

16A

Erklärung

16

Zurückrutschen mit

Gedan-Barai
in Kiba-Dachi

■

Erklärung

17

Wendung um 180° in
Kokutsu-Dachi
mit Haishu-Uke

Da die Füße im Kiba-Dachi bereits auf einer Linie stehen, braucht der hintere Fuß nur gedreht zu werden.

Schritt vorwärts in
Kiba-Dachi
mit Mae-Empi

18A

Ansicht von der Rückseite

18

Gedan-Barai
in Kiba-Dachi

Die Haltung der linken Faust soll sich natürlich ergeben. Dabei ist es gleichgültig, ob sie auf dem Unterarm oder in der Armbeuge ruht.

Ansicht von der Rückseite

Erklärung der drei letzten Techniken:

Block des ersten Angriffs

Gegenangriff mit Mae-Empi

Block des zweiten Angriffs

Ausholen und Vorgehen in

Kokutsu-Dachi

19

Haishu-Uke
in Kokutsu-Dachi ◄

20

Vorgehen in ■

Kiba-Dachi
mit Tate-Empi

21A

Hereinrutschen mit ◄

Gedan-Gyaku-Zuki
und Jodan-Nagashi-Uke
in Kiba-Dachi

21

Zurückrutschen in ■

Kiba-Dachi
mit Gedan-Barai

Beginn der Wendung mit Drehen des Kopfes

Ausholbewegung und Heransetzen an das vordere Bein

Fortsetzen der Aushol-bewegung und Beginn der Rücksetzbewegung

(22)

Starkes Zurückreißen der Arme in

Koshi-Kamae
mit Zurückrutschen in
Sanchin-Dachi

◄

Awase-Zuki
in Sanchin-Dachi
mit Kiai

K

(23)

Erklärung

Dreh- und Abwehrbewegung der Arme

Die Bewegung beginnt mit der Drehung der Arme im Uhrzeigersinn.

In der Fortsetzung werden die Arme zur Schulter bzw. zur Hüfte zurückgezogen und von dort kräftig in den Teisho-Zuki vorgestoßen.

Die Fußbewegung beginnt mit der Drehbewegung und endet mit der vollständigen Ausholbewegung. Der Stoß erfolgt im Stand!

(24) Awase-Teisho-Zuki in Sanchin-Dachi

Erklärung der Kreisabwehr:

Block mit dem linken Arm nach rechts (Jodan)

Block mit dem rechten Arm nach rechts (Chudan)

Zurückziehen der Hände an Hüfte und Schulter

Gegenangriff mit Awase-Teisho-Zuki

Yame

Aufmerksame Endstellung mit Zanshin

Ritsu-Rei
in Musubi-Dachi

Entspannung

Schrittdiagramm (Embusen) der Kata Nijushiho

Ablauf der 24 Stellungen der Kata Nijushiho in Einzelbildern

8
9A
9
10A
10
11
12
13A
13
14
15
16A
16

17
18A
18
19
20
21A
21
22
23
24

Kata Sochin

Der Name dieser Kata leitet sich aus der hauptsächlich verwendeten Stellung, dem Sochin-Dachi ab. Ebenso wie die Kata Nijushiho und Unsu kann man sie nicht eindeutig einer der drei wichtigsten Karategruppen auf Okinawa, Shuri-Te, Tomari-Te oder Naha-Te, zuordnen. Ihre Herkunft ist ungewiß, zumal ihr immer wieder verschiedene Meister durch unterschiedliche Interpretationen ihren Stempel aufgedrückt haben.
Der Sochin-Dachi, oder auch Fudo-(= Kraft)Dachi, zeichnet sich durch besondere Standfestigkeit aus. Der Kämpfer scheint durch die von den Knien bis in die Fußkanten wirkende Spannung »im Boden verwurzelt«. Beim Vortrag der Kata gilt das Heben und Senken der Hüfte während der Bewegungen als Hauptfehler. Ähnlich den Kata Nijushiho oder Unsu wird durch das Training der Kata Sochin der rhythmische Wechsel von Spannungsaufbau und Lösung in starke, feste Techniken geschult. Die schnellen Bewegungen zwischen den festen Stellungen erfordern ein Höchstmaß an Beweglichkeit, Dehnfähigkeit und Kraft in der Endphase. Der Unterbau in der Kata, die Kraft des Hara oder Tanden, wird gerade in dieser Kata hervorragend trainiert.
Diese Kata hat 36 Positionen, die in einem Zeitraum von etwa 65 Sekunden vorgetragen werden.

Formlose Aufstellung

Ritsu-Rei
in Musubi-Dachi

Angrüßen

Yoi
in Shizentai

Gespannte Aufmerksamkeit

Ausholen zum Block

Der rechte Fuß wird im Halbkreis aus dem Shizentai in Sochin-Dachi vorgesetzt.

Weiterführen der Bewegung

Der rechte Arm wird oben, der linke Arm unten geführt.

Gyaku-Age-Uke und Gedan-Tettsui-Uchi in Sochin-Dachi

Seitliche Ansicht von links

Erklärung:

Gleichzeitige Jodanabwehr mit Gedan-Gegenangriff

Sochin-Dachi oder Fudo-Dachi

(Kraft-Stand)

Er wird ähnlich wie Zenkutsu-Dachi ausgeführt, aber die Spannung des hinteren Beines wird durch Beugen des Knies nach außen erzeugt.

Vorgehen in Sochin-Dachi mit gleich zeitiger Ausholbewegung

Da der Tate-Shuto-Uke langsam aus geführt wird, erfolgt der wesentliche Teil der Abwehr *im Stand,* zusammen mit der Hüftbewegung.

Gyaku-Tate-Shuto-Uke in Sochin-Dachi

2

Erklärung

Choku-Zuki

◄

3A

Chudan-Renzuki
in Sochin-Dachi

3

Gyaku-Zuki

■

Erklärung

Ausholbewegung mit Umsetzen um 90° in Kokutsu-Dachi

Das endgültige Absetzen erfolgt mit der Abwehr.

Jodan-Gedan-Uke in Kokutsu-Dachi

■

4

Diese Technik, die in sehr vielen Kata vorkommt, demonstriert in hervorragender Weise Standfestigkeit und Koordinationsvermögen.

Erklärung

Schritt vorwärts mit Ausholbewegung

Anders als in der ersten Variante dieser Technik, wird sie jetzt als eine direkte, schnelle Bewegung ausgeführt.

(5)

Gyaku-Age-Uke
und Gedan-Tettsui-Uchi
in Sochin-Dachi

■

(6)

Vorgehen mit

Gyaku-Tate-Shuto-Uke
in Sochin-Dachi

7A

Choku-Zuki

Chudan-Renzuki
in Sochin-Dachi

7

Gyaku-Zuki

Wendung mit Ausholbewegung und
frühem Drehen des Kopfes

8

Jodan-Gedan-Uke
in Kokutsu-Dachi

9

Gyaku-Age-Uke
und Gedan-Tettsui-Uchi
in Sochin-Dachi

Schnelle Ausführung

10

Gyaku-Tate-Shuto-Uke
in Sochin-Dachi

11A

Gyaku-Zuki

Chudan-Renzuki
in Sochin-Dachi

11

Choku-Zuki

Zurückziehen des linken Fußes zum Standbein mit

Koshi-Kamae

~

(12)

Yoko-Geri
mit Yoko-Uraken-Uchi

◄

(13)

Absetzen mit

Gyaku-Mae-Empi
in Sochin-Dachi

▬

Heranführen des rechten Beines zum Standbein mit

Koshi-Kamae

Yoko-Geri
mit Yoko-Uraken-Uchi

(14)

(15)

Gyaku-Mae-Empi
in Sochin-Dachi

(16)

Wendung um 180° nach rechts (ungewöhnlich) in

Shuto-Uke in Kokutsu-Dachi

Diese Wendung »über den Rücken« ist besonders zu trainieren, da sie häufig mit der üblichen Wendung über die offene Seite verwechselt wird.

(17)

Wendung um 45° in

Shuto-Uke in Kokutsu-Dachi

(18)

Wendung um 135° in

Shuto-Uke in Kokutsu-Dachi

(19)

Wendung um 45° in

Shuto-Uke in Kokutsu-Dachi

20

Wendung um 45° in

Shuto-Uke in Kokutsu-Dachi

Seitliche Ansicht von rechts

21

Schritt vor

Shuto-Uke in Kokutsu-Dachi

Seitliche Ansicht von rechts

Um diesen sechs Shuto-Uke-Techniken Rhythmus und Spannung zu geben, sollte man jeweils zwei rhythmisch verbinden und sie insgesamt nicht zu hastig vortragen.

Vorrutschen mit

Chudan-Osae-Uke und Gyaku-Nukite in Kokutsu-Dachi

■

(22)

Seitliche Ansicht von rechts

Der Abwärtsblock wird mit der linken, die Nukite-Technik mit der rechten Hand ausgeführt.

Die Nukite-Technik kann mit Jodan oder mit Chudan ausgeführt werden. In dieser Anwendung wird die Chudanform gezeigt

Erklärung

Im Stand:

Mae-Ashi-Geri

◄

23

Seitliche Ansicht von rechts

Erklärung

Gleichzeitig:

Mae-Geri (rechts)
Uraken-Uchi (links) und
Nagashi-Uke (rechts)

◄

Seitliche Ansicht von rechts

Erklärung

25

Absetzen in

Sochin-Dachi
mit Uraken-Uchi (rechts)
und Nagashi-Uke (links)
mit Kiai

Seitliche Ansicht von rechts

Erklärung

(26)

Wendung um 180° mit

Mikazuki-Geri
(in die offene linke Hand)

mit gleichzeitiger Ausholbewegung
zum Tettsui-Uchi

Seitliche Ansicht von rechts

Erklärung

(27)

Gyaku-Age-Uke
mit Gedan-Tettsui-Uchi
in Sochin-Dachi

(28)

Wendung um 45°:

Uchi-Ude-Uke
in Sochin-Dachi

(29)

Schritt vorwärts:

Oizuki
in Sochin-Dachi

(30)

Wendung um 90°:

Uchi-Ude-Uke
in Sochin-Dachi

(31)

Schritt vorwärts:

Oizuki
in Sochin-Dachi

(32)

Wendung um 45 ° in

Uchi-Ude-Uke
in Sochin-Dachi

◄

Im Stand:

Gyaku-Uchi-Ude-Uke
in Sochin-Dachi

(33)

■

(34)

Im Stand:

Mae-Geri-Keage

◄

Seitliche Ansicht von links

Ausholbewegung
vor dem Absetzen

Seitliche Ansicht
von rechts

Zugbewegung während des
Absetzens in

Yumi-Zuki (links)
in Sochin-Dachi

35

Wichtig ist hierbei das Umdrehen der rechten Faust mit dem Handrücken nach oben.

Gyaku-Zuki

36A

Oizuki

Seitliche Ansicht von links

Renzuki
in Sochin-
Dachi
mit Kiai

K

36

Choku-
Zuki

Erklärung für Seite 137:

Abwehr

Gegenangriff mit Mae-Geri

Erfassen des Gegners und Heranziehen (rechte Hand) mit gleichzeitigem Gegenangriff (linke Hand)

Yame

Aufstehen mit Zanshin

Ritsu-Rei

Abgrüßen

Entspannung

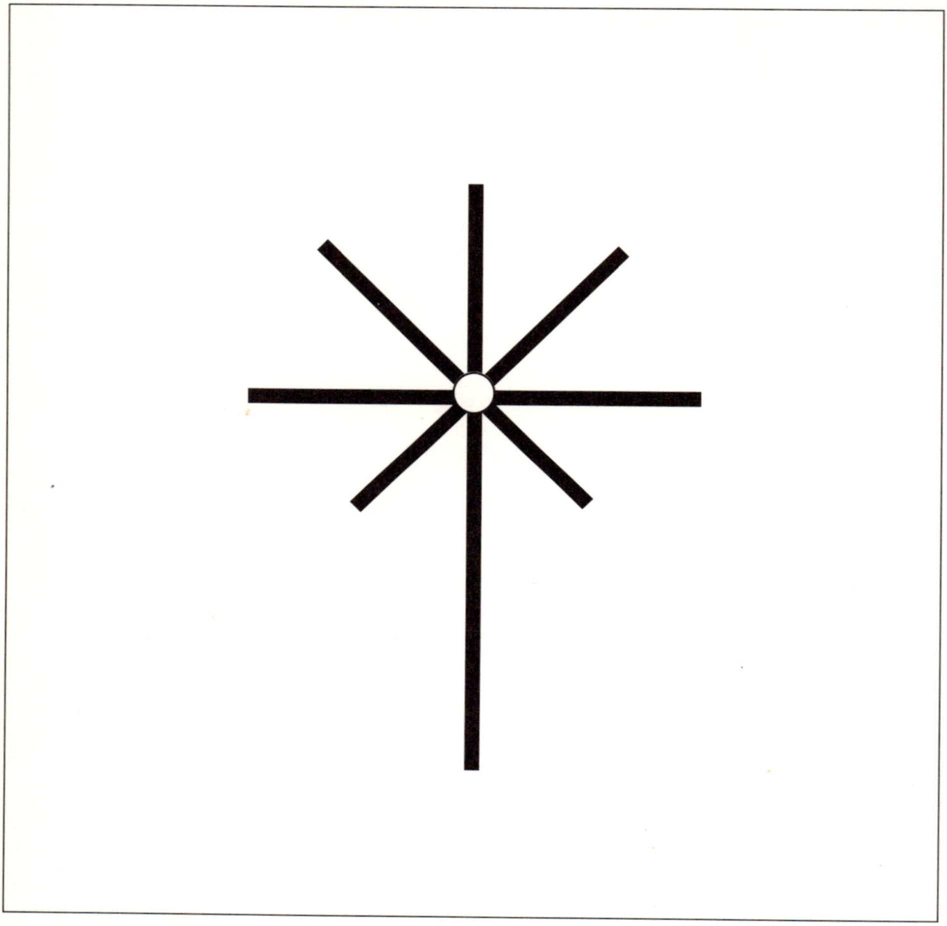

Schrittdiagramm (Embusen) der Kata Sochin

Ablauf der 36 Positionen der Kata Sochin in Einzelbildern

11A
11
12
13
14
15
16
17
18
19
20
21
22

23
24
25
26
27
28
29
30
31
32
33
34
35
36A
36

Schlußwort

Der vorliegende dritte Band dieser Reihe führt den Übenden in eine neue Dimension des Katatrainings. Kann er diese Aufgabe wirklich meistern, so befindet er sich auf einer Könnensstufe, die alle Achtung abverlangt. Achtung davor, so lange trainiert zu haben, um dieses Niveau zu erreichen, Achtung aber auch vor der Auseinandersetzung mit einem so anspruchsvollen Thema, wie es die höheren Kata darstellen. Man muß sich jedoch davor hüten, die bloße Aneignung des Ablaufes dieser höheren Kata, als *Beherrschen* mißzuverstehen. Wie zu Beginn dieses Buches bereits erwähnt, bedarf es jahrelangen Übens, um eine Kata zu beherrschen. Das nimmt einem auch kein Kampfrichter ab, der, vielleicht mangels eigener Erfahrung, vorschnell ein Lob ausspricht.
Wenn über allem Üben im Karate der Satz steht: »Der schwerste Sieg ist der Sieg über sich selbst!«, so gilt das in besonderem Maße für die Kata. Aber bevor Sie aus Angst, diesen Leistungsstand nicht erwerben zu können, das Training höherer Kata ganz einstellen, empfehle ich Ihnen stetiges Üben, am besten täglich, um Ihr Ziel zu erreichen und Ihre Bestätigung zu finden. Dazu soll dieses Buch dienen.

Wolf-Dieter Wichmann

NÜTZLICHE RATGEBER

EINE AUSWAHL

Stand: Frühjahr 1990

Essen und Trinken

Meine feine Bürgerliche Küche
(**4411**-4) Von E. Falout, 160 S., 119 Farbfotos, Pappband. ●●●

Essen in Hessen
Spezialitäten zwischen Schwalm und Odenwald. (**0837**-X) Von R. Witt, 120 S., 10 s/w-Zeichnungen, Pappband. ●●

Kochen für 1 Person
Rationell wirtschaften, abwechslungsreich und schmackhaft zubereiten. (**0586**-5) Von M. Nicolin, 104 S., 8 Farbtafeln, 23 Zeichnungen, kart. ●

Schnell und individuell
Die raffinierte Single-Küche
(**4266**-3) Von F. Faist, 160 S., 151 Farbfotos, Pappband. ●●●

Für Kenner und Genießer **Lamm**
(**1090**-7) Von H. Imhof, 64 S., 50 Farbfotos, Pappband. ●

Frischer Fang aus Fluß und Meer **Fisch**
(**0964**-X) Von L. Grieser, 64 S., 69 Farbfotos, Pappband. ●

Edler Kern in harter Schale **Meeresfrüchte**
(**0886**-4) Von L. Grieser, 48 S., 52 Farbfotos, Pappband. ●

Gaumenfreuden Tag für Tag
Pfannengerichte
(**1007**-9) Von S. Fabke, 64 S., 54 Farbfotos, Pappband. ●

Von Tatar und falschen Hasen **Hackfleisch**
(**0866**-X) Von A. und G. Eckert, 64 S., 42 Farbfotos, Pappband. ●

Aus eigener Küche **Gute Wurst**
(**0948**-8) Von J. Bessel, G. Quaas, 80 S., 8 Farbtafeln, kart. ●

Aus lauter Lust und Liebe **Knoblauch**
(**0867**-8) Von L. Reinirkens, 64 S., 45 Farbfotos, Pappband. ●

Kochen und würzen mit **Knoblauch**
(**0725**-6) Von A. und G. Eckert, 96 S., 8 Farbtafeln, kart. ●

Kochen und würzen mit **Paprika**
(**0792**-2) Von A. und G. Eckert, 88 S., 8 Farbtafeln, kart. ●

Bintje, Irmgard und Sieglinde
Kartoffeln
(**1032**-X) Von S. Fabke, 64 S., 43 Farb- und 1 s/w-Foto, Pappband. ●

Nudelgerichte
– lecker, locker, leicht zu kochen. (**0466**-4) Von C. Stephan, 80 S., 8 Farbtafeln, kart. ●

Pasta in Höchstform **Nudeln**
(**0884**-8) Von M. Kirsch, 64 S., 62 Farbfotos, Pappband. ●

Kräftig klar und cremig zart **Feine Suppen**
(**1031**-1) Von H. Imhof, 64 S., 48 Farbfotos, Pappband. ●

Herzhaftes für Leib und Seele **Eintöpfe**
(**0820**-1) Von P. Klein, 48 S., 30 Farbfotos, Pappband. ●

Spezialitäten unter knuspriger Decke
Aufläufe
(**0882**-1) Von C. Adam, 48 S., 33 Farbfotos, Pappband. ●

In Hülle und Fülle **Pasteten und Terrinen**
(**0883**-X) Von M. Kirsch, 48 S., 62 Farbfotos, Pappband. ●

Die Krönung der feinen Küche **Saucen**
(**0817**-1) Von G. Cavestri, 48 S., 40 Farbfotos, Pappband. ●

Schlank und köstlich **Spargel**
(**1005**-2) Von M. Kirsch, 64 S., 44 Farbfotos, Pappband. ●

Von Aubergine bis Zucchini **Gemüse**
(**1061**-3) Von H. Cohrs, 64 S., 39 Farbfotos, Pappband. ●

Statt Breakfast und Lunch **Brunch**
(**1033**-8) Von C. Adam, 64 S., 49 Farbfotos, Pappband. ●

Kochen in höchster Vollendung
Aus vier Elementen ist alles zusammengefügt (Theophrast). (**4291**-4) Von M. Wissing, M. Kirsch, 160 S., 230 Farbfotos, Leinen geprägt mit Schutzumschlag, im Schuber, **DM 98,–**, S 784.–, Fr 94,10

Mit Lust und Liebe
Kochen mit den Meistern
(**4445**-3) 176 S., 132 Farbfotos, 50 Graffiti, Pappband. ●●●●

Zaubern mit der schnellen Welle
Die neue Mikrowellenküche
(**4289**-2) Von F. Faist, 208 S., 188 Farbfotos, Pappband. ●●●

Ganz und gar mit Mikrowellen
(**4094**-6) Von T. Peters, 208 S., 24 Farbfotos, 12 Zeichnungen, kart. ●●●

Schnell auf den Tisch gezaubert
Kochen mit Mikrowellen
(**0818**-X) Von A. Danner, 64 S., 52 Farbfotos, Pappband. ●

Das neue Mikrowellen-Kochbuch
(**0434**-6) Von H. Neu, 80 S., 4 Farbtafeln, 16 s/w Zeichnungen, kart. ●

Knusprig braten und backen im
Mikrowellen-Kombigerät
(**0996**-X) Von T. Peters, 128 S., 108 Farbfotos, kartoniert. ●●

Leicht und vitaminreich
Vegetarische Mikrowellenküche
(**0995**-X) Von F. Faist, 118 S., 103 Farbfotos, kartoniert. ●●

Schnell und individuell
Mikrowellenküche für Singles
(**0997**-6) Von A. Görgens, 118 S., 103 Farbfotos, kartoniert. ●●

Vom ersten Versuch zum Menü
Mikrowellenküche leicht gemacht
(**0994**-1) Von T. Peters, 112 S., 100 Farbfotos, kartoniert. ●●

Zart gedünstet, schonend gegart
Fischgerichte aus der Mikrowellenküche
(**1092**-3) Von A. Ilies, 96 S., 105 Farbfotos, kartoniert. ●●

Köstliches ganz schnell gezaubert
Aufläufe aus der Mikrowellenküche
(**1093**-1) Von K. Kruse-Schorling, 96 S., 100 Farbfotos, kartoniert. ●●

Natürlich Kochen im
Mikrowellen-Römertopf
(**0947**-X) Von F. Faist, 96 S., 8 Farbt., kart. ●

Köstliches aus dem Tontopf
(**0442**-7) Von A. u. G. Eckert, 80 S., 8 Farbtafeln, kart. ●

Das neue Fritieren
geruchlos, schmackhaft und gesund. (**0365**-X) Von P. Kühne, 88 S., 8 Farbtafeln, kart. ●

Goldbraun und knusprig
Fritierte Leckerbissen
(**0868**-6) Von F. Faist, 64 S., 47 Farbfotos, Pappband. ●

Schnell und gut gekocht
Die tollsten Rezepte für den Schnellkochtopf. (**0265**-3) Von J. Ley, 96 S., 8 Farbtafeln, kart. ●

Italienische Vorspeisen **Antipasti**
(**1006**-0) Von S. Reiter-Westphal, 64 S., 47 Farbfotos, Pappband. ●

Pizza, Pasta und die feine italienische Küche
(**4270**-1) Von R. Rudatis, 120 S., 255 Farbfotos, Pappband. ●●

Schlemmerreise durch die
Italienische Küche
(**4172**-1) Von V. Pifferi. 160 S., 109 Farbfotos, Pappband. ●●●

Schlemmen wie bei Mamma Maria
Pizzas
(**0815**-5) Von F. Faist, 64 S., 62 Farbfotos, Pappband. ●

Spaghetti, Tagliatelle + Co.
Pasta all'italiana
(**1004**-4) Von I. Seyric, 64 S., 57 Farbfotos, Pappband. ●

Pikantes und Süßes mit französischem Charme **Bistro-Küche**
(**4428**-3) Von V. Müller, 160 S., 130 Farbfotos, Pappband. ●●●

Schlemmerreise durch die
Französische Küche
(**4296**-5) Von H. Imhof, 160 S., 147 Farbfotos, 3 s/w-Fotos, Pappband. ●●●

Schlemmerreise durch die
Chinesische Küche
(**4184**-5) Von K. H. Jen, 160 S., 117 Farbfotos, Pappband. ●●●

Verheißungsvoll fernöstlich
Spezialitäten aus dem Wok
(**0933**-X) Von H. K. Jen, 64 S., 56 Farbfotos, Pappband. ●

Mit Lust und Liebe **Chinesisch Kochen**
(**4441**-0) Von Ho Fu-Lung, Uli Franz, 176 S., 189 Farbfotos, 29 Zeichnungen, Pappband. ●●●●

Chinesisch kochen
mit dem Wok- und Mongolentopf. (**0557**-1) Von C. Korn, 64 S., 8 Farbt., kart. ●

Die hier vorgestellten Bücher, Videokassetten und Software sind in folgende Preisgruppen unterteilt:

● Preisgruppe bis DM 10,–/S 79,–/SFr.10
●● Preisgruppe über DM 10,– bis DM 20,– S 80,– bis S 160,– SFr. 10,– bis SFr. 20,–
●●● Preisgruppe über DM 20,– bis DM 30,– S 161,– bis S 240,– SFr. 20,– bis SFr. 29,–
●●●● Preisgruppe über DM 30,– bis DM 50,– S 241,– bis S 400,– SFr. 29,– bis SFr. 48,–
●●●●● Preisgruppe über DM 50,–/S 401,–/SFr.48,–
*(unverbindliche Preisempfehlung)

Die Preise entsprechen dem Status beim Druck dieses Verzeichnisses (s. Seite 1) – Änderungen, im besonderen der Preise, vorbehalten –

Falken-Verlag GmbH · Postfach 1120 FALKEN D-6272 Niedernhausen/Ts. · Tel.: 06127/7020

Mehr Freude und Erfolg beim **Grillen**
(**4141**-1) Von A. Berliner, 160 S., 147 Farbfotos, 10 farbige Zeichnungen, Pappband. ●●●

Köstliches von Rost und Spieß **Grillen**
(**0931**-3) Von A. Kalcher-Dähn, H. K. Kalcher, 64 S., 43 Farbfotos, Pappband. ●

Bocuse à la carte
Französisch kochen mit dem Meister.
(**4237**-X) Von P. Bocuse, 88 S., 218 Farbfotos, Pappband. ●

Französische Küche
(**0685**-2) Von M. Gutta, 96 S., 16 Farbt., kart. ●

Fondues · Raclettes · Flambiertes
(**4081**-4) Von R. Peiler und M.-L. Schult, 136 S., 15 Farbtafeln, 28 Zeichnungen, kart. ●●

Fondues
und fritierte Leckerbissen. (**0471**-0) Von S. Stein, 96 S., 8 Farbtafeln, kart. ●

Rezepte rund um Raclette und Doppeldecker
(**0420**-6) Von J. W. Hochscheid, 72 S., 8 Farbtafeln, kart. ●

Schlemmen in geselliger Runde
Fleischfondues
(**0966**-6) Von M. Spötter, 64 S., 62 Farbfotos, Pappband. ●

Fondues und Raclettes
(**4253**-1) Von F. Faist, 160 S., 125 Farbfotos, Pappband. ●●●

Neue, raffinierte Rezepte mit dem Raclette-Grill
(**0558**-X) Von L. Helger, 72 S., 8 Farbt., kart. ●

Schmelzendes Käsevergnügen **Raclette**
(**0881**-3) Von F. Faist, 48 S., 33 Farbfotos, Pappband. ●

Kulinarischer Feuerzauber **Flambieren**
(**4294**-9) Von R. Wesseler, 120 S., 100 Farbfotos, Pappband. ●●●

Das köstliche knackige Schlemmervergnügen **Salate**
(**4165**-9) Von V. Müller, 160 S., 80 Farbfotos, Pappband. ●●●

Köstliche Salate zum Verwöhnen
(**0222**-X) Von C. Schönherr, 96 S., 8 Farbtafeln, 30 Zeichnungen, kart. ●

Frisch und leicht als Hauptgericht
Schlemmersalate
(**0934**-8) Von C. Adam, 64 S., 49 Farbfotos, Pappband. ●

Köstlich frisch auf den Tisch
Rohkostsalate
(**0865**-1) Von C. Adam, 48 S., 26 Farbfotos, Pappband. ●

Raffiniert und gesund würzen
Kräuterküche
(**0869**-4) Von A. Görgens, 48 S.,43 Farbfotos, Pappband. ●

Miekes Kräuter- und Gewürzkochbuch
(**0323**-4) Von I. Persy, K. Mieke, 88 S., 4 Farbtafeln, kartoniert. ●

Joghurt, Quark, Käse und Butter
Schmackhaftes aus Milch hausgemacht.
(**0739**-6) Von M. Bustorf-Hirsch, 32 S., 59 Farbabb., Pappband. ●

Gesund und vielseitig **Alles mit Joghurt**
täglich selbstgemacht, mit vielen Rezepten.
(**0382**-6) Von G. Volz, 64 S., 8 Farbt., kart. ●

Locker, flockig, leicht…
Müsli & Co
(**0965**-8) Von C. Adam, 64 S., 42 Farbfotos, Pappband. ●

Bärenstark und kerngesund
Vollwertkost für Kinder
(**0968**-2) Von S. Reiter, 64 S., 44 Farbfotos, Pappband. ●

Gesunde Ernährung für mein Kind
(**0776**-6) Von M. Bustorf-Hirsch, 112 S., 8 Farbtafeln, 5 s/w-Zeichnungen, kart. ●

Das Getreidemühlenkochbuch
(**1017**-6) Von M. Burstorf-Hirsch, 112 S., 8 Farbtafeln, kartoniert. ●

Meine Vollkornküche
Herzhaftes von echtem Schrot und Korn
(**0858**-9) Von S. Walz, 96 S., 8 Farbt., kart. ●

Die abwechslungsreiche Vollwertküche
Vitaminreich und naturbelassen kochen und backen. (**4229**-9) Von M. Bustorf-Hirsch, K. Siegel, 280 S., 31 Farbtafeln, 78 Zeichnungen, Pappband. ●●●●

Die verlockende Alternative
Süße Vollwertküche
(**0936**-4) Von A. Roßmeier, 64 S., 50 Farbfotos, Pappband. ●

Die gesunde Art, sich zu verwöhnen
Vollwertküche für Singles
(**0937**-2) Von A. Görgens, 64 S., 43 Farbfotos, Pappband. ●

Dinkel, Hirse, Roggenkorn…
Kerniges aus der Getreideküche
(**0932**-1) Von S. Frank, 64 S., 49 Farbfotos, Pappband. ●

Die feine Vollwertküche
(**4286**-8) Von M. Bustorf-Hirsch, 160 S., 83 Farbfotos, Pappband. ●●●

Mit Lust und Liebe…
Vollwertküche für Genießer
(**4412**-4) Von Prof. Dr. C. Leitzmann, H. Million, 256 S., 329 Farbfotos, Pappband. ●●●●

Naturküche à la carte
(**4406**-2) Von M. Wissing, M. Kirsch, 160 S., 179 Farbfotos, Pappband. ●●●●

Biologische Ernährung
für eine natürliche und gesunde Lebensweise. (**4125**-X) Von G. Leibold, 136 S., 15 Farbtafeln, 47 Zeichnungen, kart. ●●

Die feine Vegetarische Küche
(**4235**-3) Von F. Faist, 160 S., 191 Farbfotos, Pappband. ●●●

Schmackhafte Vollwertkost ohne tierisches Eiweiß
(**0993**-3) Von M. Bustorf-Hirsch, 96 S., 54 Farbfotos, kartoniert. ●●

Cholesterinarm kochen und genießen
(**4442**-9) Von R. Unsorg, 168 S., 132 Farbfotos, kartoniert. ●●●

Die aktuelle **Cholesterintabelle**
(**1088**-5) Von Dr. H. Oberritter, 84 S., 12 zweifarbige Grafiken, kartoniert. ●

Würzig kochen ohne Salz
(**0922**-4) Von S. Roediger-Streubel, 160 S., 16 Farbtafeln, kart. ●●

Alternativ essen
Die gesunde Sojaküche.
(**0553**-9) Von U. Kolster, 112 S., 8 Farbt., kart. ●

Kochen mit Tofu
Die gesunde Alternative.
(**0894**-5) Von U. Kolster, 80 S., 8 Farbtafeln, kart. ●

Gesund kochen mit Keimen und Sprossen
(**0794**-9) Von M. Bustorf-Hirsch, 96 S., 4 Farbtafeln, 13 s/w-Zeichnungen, kart. ●

Keime und Sprossen in der Naturküche
(**4299**-X) Von M. Bustorf-Hirsch, 96 S., 144 Farbfotos, Pappband. ●●

Backen mit Lust und Liebe
(**4284**-1) Von M. Schumacher, R. Krake, 242 S., 348 Farbfotos, 18 farb. Vignetten, 3 vierseitige Ausklapptafeln, Pappband. ●●●●

Tortenträume und Kuchenfantasien
Gebackene Köstlichkeiten originell dekoriert und verziert.
(**0823**-6) Von F. Faist, 80 S., 150 Farbfotos, kart. ●●

Waffeln
Hörnchen, Pfannkuchen und Crêpes.
(**0522**-9) Von C. Stephan, 64 S., 8 Farbtafeln, kart. ●

Mehr Freude und Erfolg beim
Brotbacken
(**4148**-9) Von A. und G. Eckert, 160 S., 177 Farbfotos, Pappband. ●●●

Selbst Brotbacken
Über 50 erprobte Rezepte.
(**0370**-6) Von A. und G. Eckert, 80 S., 4 Zeichnungen, 4 Farbtafeln, kart. ●

Meine Vollkornbackstube
Brot · Kuchen · Aufläufe. (**0616**-0) Von R. Raffelt, 96 S., 4 Farbtafeln, 12 Zeichnungen, kart. ●

Mit Körnern, Zimt und Mandelkern
Vollkorngebäck
(**0816**-3) Von M. Bustorf-Hirsch, 48 S., 39 Farbfotos, Pappband. ●

Knusprig, kernig, urgesund **Vollkornbrot**
(**0938**-0) Von S. Reiter, 64 S., 46 Farbfotos, Pappband. ●

Weihnachtsbäckerei
Köstliche Plätzchen, Stollen, Honigkuchen und Festtagstorten.
(**0682**-9) Von M. Sauerborn, 32 S., 34 Farbfotos, Pappband. ●

Meine Weihnachtsbackstube
(**5163**-8) Von M. Sauerborn, 32 S., 23 Farbfotos, mit Vorlagebogen in Originalgröße, kart. ●

Süße Verführungen **Desserts**
(**0885**-6) Von M. Bacher, 64 S., 75 Farbfotos, Pappband. ●

Süße Geheimnisse eiskalt gelüftet
Eis und Sorbets
(**0870**-8) Von H. W. Liebheit, 48 S., 38 Farbfotos, Pappband. ●

Raffiniertes mit
Eis
Drinks/Desserts/Eissorten
(**1029**-X) Von. F. Hoffmann, 64 S., 74 Farbfotos, Pappband. ●

Zart schmelzende Versuchungen
Schokolade
(**0819**-8) Von J. Schroer, 48 S., 53 Farbfotos, Pappband. ●

Mitbringsel aus meiner Küche
selbst gemacht und liebevoll verpackt.
(**0668**-3) Von C. Schönherr, 32 S., 30 Farbfotos, Pappband. ●

Marmeladen, Gelees und Konfitüren
Köstlich wie zu Omas Zeiten – einfach selbstgemacht. (**0720**-5) Von M. Gutta, 32 S., 23 Farbfotos, 1 Zeichnung, Pappband. ●

Einkochen, Einlegen, Einfrieren
(**4055**-5) Von B. Müller, 152 S., 27 s/w.-Abb., 16 Farbtafeln, kart. ●●

Haltbarmachen in der Öko-Küche
Gesunde Konservierungsmethoden für Obst, Gemüse, Kräuter und Pilze. (**0923**-2) Von M. Bustorf-Hirsch, 120 S., 92 Farbabb., kart. ●●

Komm, koch und back mit mir
Kunterbuntes Kochvergnügen für Kinder.
(**4285**-X) Von S. und H. Theilig, illustriert von B. v. Hayek, 112 S., 45 Farbabb., Pappband. ●●

Kinder lernen spielend backen
(**5110**-7) Von M. Gutta, 64 S., 50 Farbfotos, Pappband. ● ●

Kinder lernen spielend kochen
Lieblingsgerichte mit viel Spaß selbst zubereitet
(**5096**-8) Von M. Gutta, 64 S., 45 Farbfotos, Pappband. ●●

Mit Lust und Liebe **Kalte Platten & Buffets**
Anrichten und Garnieren
(**4427**-5) Von P. Grotz, 176 S., 228 Farbfotos, Pappband. ●●●●

Garnieren und Verzieren
(**4236**-1) Von R. Biller, 160 S., 329 Farbfotos, 57 Zeichnungen, Pappband. ●●●

Köstlichkeiten für Gäste und Feste
Kalte Platten
(**4200**-0) Von I. Pfliegner, 160 S., 130 Farbfotos, Pappband. ●●●

Wenn Gäste kommen...
Kalte Küche
(**1060**-5) Von A. Ilies, 64 S., 49 Farbfotos, Pappband. ●

Fein und raffiniert
Canapés und kleine Köstlichkeiten
(**0963**-1) Von H. Imhof, 64 S., 53 Farbfotos, Pappband. ●

Festlich kochen und backen
für Advent und Weihnachten
(**4443**-7) Von A. Guter, 96 S., 66 Farbfotos, 1 s/w-Foto, Pappband. ●●

Der perfekt gedeckte Tisch
(**1028**-1) Von H. Tapper, 80 S., 161 Farbfotos, 13 Zeichnungen, kartoniert. ●●

Der schön gedeckte Tisch
Vom einfachen Gedeck bis zur Festtafel stimmungsvoll und perfekt arrangiert.
(**4246**-1) Von H. Tapper, 112 S., 206 Farbfotos, 21 s/w-Abbildungen, Pappband. ●●●

Servietten falten
80 Ideen für schön gedeckte Tische
(**1042**-7) Von M. Müller, O. Mikolasek, 80 S., 289 Farbfotos, 50 Zeichnungen, kartoniert. ●●

Phantasievolle Tischdekorationen selber machen
(**0984**-4) Von Y. Thalheim, H. Nadolny, 80 S., 174 Farbfotos, 21 Zeichnungen, kart. ●●

Tischkarten dekorativ gestalten
aus allerlei Material für viele Anlässe
(**0946**-1) Von H. York, 32 S., 108 Farbfotos, Pappband. ●

Servietten dekorativ falten
Geschmackvolle Anregungen aus Stoff und Papier. (**0804**-X) Von H. Tapper, 32 S., 134 Farbfotos, Pappband. ●

Tee für Genießer
Sorten · Riten · Rezepte. (**0356**-0) Von M. Nicolin, 64 S., 4 Farbtafeln, kart. ●

Weinlexikon
Wissenswertes über die Weine der Welt.
(**4149**-7) Von U. Keller, 228 S., 6 Farbtafeln, 395 s/w-Fotos, Pappband. ●●●

Weine und Säfte, Liköre und Sekt
selbstgemacht. (**0702**-7) Von P. Arauner, 232 S., 76 Abb., kart. ●●

Fruchtig, spritzig, eisgekühlt
Mixen ohne Alkohol
(**0935**-6) Von S. Späth, 64 S., 44 Farbfotos, Pappband. ●

Cocktails
(**4267**-1) Von W. R. Hoffmann, W. Hubert, U. Lottring, 160 S., 164 Farbfotos, 1 s/w-Foto, Pappband. ●●●

Cocktails und Mixereien
für häusliche Feste und Feiern. (**0075**-8) Von J. Walker, 96 S., 4 Farbtafeln, kart. ●

Neue Cocktails und Drinks
mit und ohne Alkohol. (**0517**-2) Von S. Späth, 128 S., 4 Farbtafeln, kart. ●

Die besten Punsche, Grogs und Bowlen
(**0575**-X) Von F. Dingden, 64 S., 4 Farbt., kart. ●

SLIM
Der neue, individuelle Schlankheitsplan
(**4277**-9) Von Prof. Dr. E. Menden, W. Aign 120 S., 440 Farbfotos, Pappband. ●●●

Schlank werden nach Dr. Hay **Trennkost**
Die bewährten Vollwert-Rezepte von Ursula Summ. (**4298**-1) Von U. Summ, 96 S., 54 Farbfotos, 1 Zeichnung, kart. ●●

Eßlust statt Diätfrust
Die Pfundskur
(**1102**-4) Von Prof. Dr. V. Pudel, 144 S., 8 s/w-Zeichnungen, 4 Vignetten, kartoniert. ●

Vitamine und Ballaststoffe
So ermittle ich meinen täglichen Bedarf
(**0746**-9) Von Prof. Dr. M. Wagner, I. Bongartz, 96 S., 6 Farbfotos, zahlreiche farb. Tabellen, kart. ●

Kalorien – Joule
Eiweiß · Fett · Kohlenhydrate tabellarisch nach gebräuchlichen Mengen. (**0374**-9) Von M. Bormio, 88 S., kart. ●

Hobby und Freizeit

Falken-Handbuch
Zeichnen und Malen
(**4167**-5) Von B. Bagnall, 336 S., 1154 Farbabb., Pappband. ●●●●●

Das große farbige PLAKA-Buch
Malen und Basteln
(**4402**-X) Von H.-J. Giesecke, 192 S., 224 Farbfotos, 20 Farb- und 4 s/w-Zeichnungen, Pappband. ●●●

Einmal grad und einmal krumm
Zeichenstunden für Kinder. (**0599**-7) Von H. Witzig, 144 S., 363 Abb. kart. ●

Punkt, Punkt, Komma, Strich
Zeichenstunden für Kinder
(**0564**-4) Von H. Witzig, 144 S., über 250 Zeichnungen, kart. ●

Figürliches Zeichnen
leicht gemacht
(**1010**-9) Von H. Witzig, 112 S., 462 Figuren, kartoniert. ●

Spielend zeichnen lernen mit den Montagsmalern
(**0974**-7) Von G. Lages, Sigi-Harreis, 112 S., 326 s/w-Zeichnungen, kartoniert. ●●

Kalligraphie
Die Kunst des schönen Schreibens
(**4263**-9) Von C. Hartmann, 120 S., 44 Farbvorlagen, 29 s/w-Vorlagen, 2 s/w-Zeichnungen, 38 Farbfotos, Pappband. ●●●●

Gestalten mit Schrift
Kalligraphie
(**1044**-3) Von I. Schade, 80 S., 2 Farb- und 1 s/w Foto, 143 Farbzeichnungen, kartoniert. ●●

Aquarellmalerei
als Kunst und Hobby (**4147**-0) Von H. Haack, B. Wersche, 136 S., 62 Farbfotos, 119 Zeichnungen, Pappband. ●●●●

Aquarellmalerei leicht gelernt
Materialien · Techniken · Motive.
(**0787**-6) Von T. Hinz, R. Braun, B. Zeidler, 32 S., 38 Farbfotos, 1 Zeichn., Pappband. ●

Hobby Aquarellmalen
Landschaft und Stilleben. (**0876**-7) Von I. Schade, A. Brück, 80 S., 111 Farbabb., kart. ●●

Hobby Ölmalerei
Landschaft und Stilleben. (**0875**-9) Von H. Kämper, I. Becker, 80 S., 93 Farbabb., kart. ●●

Hobby Bauernmalerei
(**0436**-2) Von S. Ramos und J. Roszak, 80 S., 116 Farbf. und 28 Motivvorlagen, kart. ●●

Bauernmalerei
Kreatives Hobby nach alter Volkskunst
(**5039**-9) Von S. Ramos, 64 S., 85 Farbfotos, Pappband. ●●

Seidenmalerei in Vollendung
(**4414**-3) Hrsg. von R. Smend, 160 S., 227 Farbfotos, 36 s/w-Fotos, geprägter Leineneinband mit Schutzumschlag, im Schuber, **DM 98,–**, S 784,–, Fr 90,20

Seidenmalerei als Kunst und Hobby
(**4264**-7) Von S. Hahn, 136 S., Farbabb., 1 s/w-Foto, Pappband. ●●●●

Hobby Seidenmalerei
(**0611**-X) Von R. Henge, 88 S., 106 Farbfotos, 28 Zeichnungen, kart. ●●

Neue zauberhafte Seidenmalerei
Motive und Anregungen aus der Natur.
(**0924**-0) Von R. Henge, 80 S., 148 Farbfotos, 27 s/w-Zeichnungen, kart. ●●

Kunstvolle Seidenmalerei
Mit zauberhaften Ideen zum Nachgestalten
(**0783**-3) Von I. Demharter, 32 S., 56 Farbfotos, Pappband. ●

Zauberhafte Seidenmalerei
Materialien · Techniken · Gestaltungsvorschläge. (**0664**-0) Von E. Dorn, 32 S., 62 Farbfotos, Pappband. ●

Aquarellieren auf Seide
Materialien · Techniken · Motive
(**0917**-8) Von I. Demharter, 32 S., 41 Farbfotos, Pappband. ●

Seidenmalerei Landschaften
(**5153**-0) Von D. Kosik, 32 S., 50 Farbfotos, 12 Zeichnungen, mit Vorlagebogen in Originalgröße, kart. ●

Seidenmalerei Kissen
(**5151**-4) Von I. Demharter, 32 S., 42 Farbfotos, 2 Zeichnungen, mit Vorlagebogen in Originalgröße, kart. ●

Seidenmalerei Blusen und T-Shirts
(**5184**-0) Von A. Keller, 32 S., 28 Farbfotos, 12 Zeichnungen, mit Vorlagebogen in Originalgröße, kartoniert. ●

Seidenmalerei Tücher und Schals
(**5152**-2) Von R. Henge, 32 S., 36 Farbfotos, 1 Zeichnung, mit Vorlagebogen in Originalgröße, kart. ●

Seidenmalerei Taschen und Gürtel
(**5194**-8) Von S. Tichy-Gibley, 32 S., 30 Farbfotos, 8 Farbzeichnungen, mit Vorlagebogen in Originalgröße, kartoniert. ●

Seidenmalerei Lampenschirme
(**5154**-9) Von I. Walter-Ammon, 32 S., 47 Farbfotos, 1 Zeichnung, mit Vorlagebogen in Originalgröße, kart. ●

Seidenmalerei Blüten, Blätter, Ranken
(**5165**-4) Von D. Kosik, 32 S., 35 Farbfotos, 4 Zeichnungen, mit Vorlagebogen in Originalgröße, kart. ●

Seidenmalerei Schmuckkarten und Miniaturbilder
(**5166**-2) Von I. Walter-Ammon, 32 S., 37 Farbfotos, 2 Zeichnungen, mit Vorlagebogen in Originalgröße, kart. ●

Seidenmalerei Bilder in Konturentechnik
(**5182**-4) Von I. Demharter, 32 S., 28 Farbfotos, 2 Zeichnungen, mit Vorlagebogen in Originalgröße, kartoniert. ●

Falken-Handbuch **Häkeln**
ABC der Häkeltechniken und Häkelmuster in ausführlichen Schritt-für-Schritt-Bildfolgen.
(**4194**-2) Von H. Fuchs, M. Natter, 288 S., 1073 Farbabb., Pappband. ●●●●

Das moderne Standardwerk von der Expertin
Perfekt Stricken
Mit Sonderteil Häkeln. (**4250**-2) Von H. Jaacks, 256 S., 703 Farbfotos, 169 Farb- und 121 s/w-Zeichnungen, Pappband. ●●●

Falken-Handbuch **Stricken**
ABC der Stricktechniken und Strickmuster in ausführlichen Schritt-für-Schritt-Bildfolgen. (**4137**-3) Von M. Natter, 312 S., 106 Farb- und 922 s/w-Fotos, 318 Zeichnungen, Pappband. ●●●●

Hobby Patchwork und Quilten
(**0768**-X) Von B. Staub-Wachsmuth, 80 S., 108 Farbabb., 43 Zeichnungen, kart. ●●

Hobby Applikationen
Materialien · Techniken · Modelle
(**0899**-6) Von H. Probst-Reinhardt, 80 S., 92 Farbfotos, 31 Zeichnungen, kart. ●●

Hobby Spitzencollagen
Bezaubernde Motive aus edlem Material
(**0847**-3) Von H. Westphal, 80 S., 186 Farbfotos, kart. ●●

Falken-Handbuch **Nähen**
Abc der Nähtechniken und kreative Modellschneiderei in ausführlichen Schritt-für-Schritt-Bildfolgen. (**4272**-8) Von A. Bree, 320 S., 1142 Abbildungen, Schnittmusterbogen für alle Modelle, Pappband. ●●●●

Marionetten
selbst bauen und führen
(**1043**-5) Von D. Köhnen, 80 S., 162 Farbfotos, mit Schnittmusterbogen, kartoniert. ●●

Zauberhafte alte Puppen
Sammeln · Restaurieren · Nachbilden
(**4255**-8) Von C.A. Stanton, J. Jacobs, 120 S., 157 Farbfotos, 24 Zeichnungen, Pappband. ●●●●

Selbstgestrickte Puppen
Materialien und Arbeitsanleitungen
(**0638**-1) Von B. Wehrle, 32 S., 21 Farbfotos, 24 Zeichnungen, Pappband. ●

Puppen zum Liebhaben
(**5199**-9) Von B. Wehrle, 32 S., 27 Farbfotos, 9 s/w-Zeichnungen, mit Vorlagebogen in Originalgröße, kartoniert. ●

Kuscheltiere stricken und häkeln
Arbeitsanleitungen und Modelle. (**0734**-5) Von B. Wehrle, 32 S., 60 Farbfotos, 28 Zeichnungen, Pappband. ●

Phantasiepuppen stricken und häkeln
Märchenhafte Modelle mit Arbeitsanleitungen. (**0813**-9) Von B. Wehrle, 32 S., 26 Farbfotos, 46 Zeichnungen, Pappband. ●

Teddybären
Sechs beliebte Modelle
(**5159**-X) Von Y. Thalheim, H. Nadolny, 32 S., 46 Farbfotos, 9 Zeichnungen, mit Vorlagebogen in Originalgröße, kart. ●

Heißgeliebte Teddybären
Selbermachen · Sammeln · Restaurieren.
(**0900**-3) Von H. Nadolny, Y. Thalheim, 80 S., 119 Farbfotos, 23 s/w-Zeichnungen, 14 S. Schnittmusterbogen, kart. ●●

Hobby Salzteig
(**0662**-4) Von I. Kiskalt, 80 S., 150 Farbfotos, 5 Zeichnungen, Schablonen, kart. ●●

Neue zauberhafte Salzteig-Ideen
(**0719**-1) Von I. Kiskalt, 80 S., 324 Farbfotos, 12 Zeichnungen, Schablonen, kart. ●●

Kreatives Gestalten mit Salzteig
Originelle Motive für Fortgeschrittene
(**0769**-8) Hrsg. I. Kiskalt, 80 S., 168 Farbfotos, kart. ●●

Originell und dekorativ
Salzteig mit Naturmaterialien
(**0833**-3) Von A. und H. Wegener, 80 S., 166 Farbfotos, kart. ●●

Salzteig kinderleicht
(**0973**-9) Von I. Kiskalt, 80 S., 224 Farbfotos, 8 Zeichnungen, kart. ●●

Töpfern
als Kunst und Hobby. (**4073**-3) Von J. Fricke, 132 S., 37 Farbfotos, 222 s/w-Fotos, Pappband. ●●●●

Kreatives Gestalten mit Ton
Töpfern ohne Scheibe – Aufbaukeramik
(**0896**-1) Von A. Riedinger, 80 S., 207 Farbfotos, 16 Zeichnungen, 7 Vignetten, kart. ●●

Kreatives Gestalten mit Ton
Töpfern auf der Scheibe
(**0971**-2) Von A. Riedlinger, 80 S., 28 Farb- und 3 s/w-Zeichng., 178 Farbfotos, kartoniert. ●●

Edles Porzellan
(**4437**-2) Von M. Lutze, Prof. E. Lessing, 160 S., 175 Farbfotos, Leineneinband, mit Schutzumschlag, im Schuber. ●●●●●

Hobby Glaskunst in Tiffany-Technik
(**0781**-7) Von N. Köppel, 80 S., 194 Farbfotos, 6 s/w-Abb., kart., ●●

Tiffany-Lampen selbermachen
Arbeitsanleitung · Materialien · Modelle
(**0684**-5) Von I. Spliethoff, 32 S., 60 Farbfotos, 19 Zeichnungen, Pappband. ●

Fensterbilder in Tiffany-Technik
(**5168**-9) Von P. Matz, 32 S., 43 Farbfotos, mit Vorlagebogen in Originalgröße, kart. ●

Tiffany-Schmuck selbermachen
Materialien · Arbeitsanleitungen · Modelle
(**0871**-6) Von B. Poludniak, H. G. Scheib, 32 S., 55 Farbfotos, Pappband. ●

Tiffany-Technik
und andere kunstvolle Arbeiten in Glas
(**0972**-0) Von. D. Köhnen, 80 S., 176 Farbfotos, 5 s/w-Zeichnungen, kart. ●●

Tiffany-Gürtelschnallen
(**5160**-3) Von G.G. Scheib, R. Grella, 32 S., 52 Farbfotos, 1 Zeichnung, mit Vorlagebogen in Originalgröße, kart. ●

Schmuck, Accessoires und Dekoratives
aus Fimo modelliert. (**0873**-2) Von A. Aurich, 32. S., 54 Farbfotos, Pappband. ●

Modeschmuck mit Federn und Straß
(**5167**-0) Von J. Niemeier, 32 S., 41 Farbfotos, mit Vorlagebogen in Originalgröße, kart. ●

Modeschmuck selbst modellieren
(**5196**-4) Von K. Eichler, 32 S., 51 Farbfotos, mit Vorlagebogen in Originalgröße, kartoniert. ●

Modeschmuck in vielen Variationen
(**5180**-8) Von A. Hahn, 32 S., 39 Farbfotos, 3 Zeichnungen, mit Vorlagebogen in Originalgröße, kartoniert. ●

Exklusiver Modeschmuck
aus dem eigenen Atelier
(**0925**-9) Von J. Niemeier, J. Klein, 80 S., 141 Farbfotos, 25 Zeichnungen, kart. ●●

Masken
phantasievoll dekorieren
(**5155**-7) Von Chr. Familler, 32 S., 48 Farbfotos, mit Vorlagebogen in Originalgröße, kart. ●

Bastelspaß mit der Laubsäge
Mit Schnittmusterbogen für viele Modelle in Originalgröße. (**0741**-8) Von L. Giesche, M. Bausch, 32 S., 61 Farbfotos, 7 Zeichnungen, Schnittmusterbogen, Pappband. ●

Strohschmuck selbstgebastelt
Sterne, Figuren und andere Dekorationen
(**0740**-X) Von E. Rombach, 32 S., 60 Farbfotos, 17 Zeichnungen, Pappband. ●

Hobby Drachen
bauen und steigen lassen. (**0767**-1) Von W. Schimmelpfennig, 80 S., 1 dreiseitige Ausklapptafel, 55 Farbfotos, 139 Zeichnungen kart. ●●

Lenkdrachen
bauen und fliegen
(**1011**-7) Von W. Schimmelpfennig, 64 S., 51 Farbfotos und 126 Zeichnungen, kartoniert. ●●

Drachen
Einfache Modelle für Kinder
(**5156**-5) Von W. Schimmelpfennig, 32 S., 11 Farbfotos, 31 Zeichnungen, mit Vorlagebogen in Originalgröße, kart. ●

Das große farbige
Bastelbuch für Kinder
(**4254**-X) Von U. Barff, I. Burkhardt, J. Maier. 224 S., 157 Farbfotos, 430 Farb- und 60 s/w-Zeichnungen, mit Schnittmusterbogen, Pappband. ●●●

Hobby Origami
Papierfalten für groß und klein
(**0756**-6) Von Z. Aytüre-Scheele, 80 S., 820 Farbfotos, kart. ●●

Neue zauberhafte Origami-Ideen
Papierfalten für groß und klein
(**0805**-8) Von Z. Aytüre-Scheele, 80 S., 720 Farbfotos, kart. ●●

Zauberwelt Origami
Tierfiguren aus Papier
(**1045**-1) Von Z. Aytüre-Scheele, 80 S., 660 Farbfotos, kartoniert. ●●

Origami –
Die Kunst des Papierfaltens. (**0280**-7) Von R. Harbin, 112 S., 633 Zeichnungen, 9 Fotos, kart. ●

Heut basteln wir mit Pappe und Papier
(**4413**-5) Von U. Barff, J. Maier, 224 S., 117 Farbfotos, 480 Farbzeichnungen, 25 s/w-Abbildungen, mit Schnittmusterbogen, Pappband. ●●●

Das große farbige Bastel- und Werkbuch
(**4439**-9) Von D. Rex, 256 S., 999 Farbfotos, 33 Farbzeichnungen, Pappband. ●●●●

Schritt für Schritt zum Scherenschnitt
Materialien · Techniken · Gestaltungsvorschläge. (**0732**-9) Von H. Klingmüller, 32 S., 38 Farbfotos, 34 Vorlagen, Pappband. ●

Fensterbilder in Scherenschnitt
(**5169**-7) Von A. Hahn, 32 S., 52 Farbfotos, 3 s/w-Fotos, mit Vorlagebogen in Originalgröße, kart. ●

Fensterbilder aus Papier
(**5158**-1) Von E. Rüscher, 32 S., 39 Farbfotos, 5 Zeichnungen, mit Vorlagebogen in Originalgröße, kart. ●

Fensterbilder
Meine Lieblingstiere
(**5197**-2) Von Y. Thalheim, H. Nadolny, 32 S., 38 Farbfotos, mit Vorlagebogen in Originalgröße, kartoniert. ●

Die schönsten Fensterbilder
(**1066**-4) Von C. Kimmerle, 64 S., 100 Farbfotos, kartoniert. ●●

Perfekte Fensterbilder
(**4470**-4) Von S. Haenitsch-Weiß, A. Weiß, 8 vierfarbige Bogen 280-g-Karton mit Stanzung + 16 S. zweifarbige Ein/Anleitung. ●●

Märchenhafte Fensterbilder
(**5185**-9) Von J. Maier, 32 S., 37 Farbfotos, mit Vorlagebogen in Originalgröße, kartoniert. ●

Fensterbilder Blumen und Tiere
(**5186**-7) Von M. Twachtmann, 32 S., 41 Farbfotos, 3 Zeichnungen, mit Vorlagebogen in Originalgröße, kartoniert. ●

Papierflieger
(**5157**-3) Von T. Gött, 32 S., 73 Farbfotos, 19 Zeichnungen, mit Vorlagebogen in Originalgröße, kart. ●

Mobiles aus Papier
(**5183**-2) Von J. Maier, 32 S., 17 Farbfotos, 35 Farbzeichnungen, mit Vorlagebogen in Originalgröße, kartoniert. ●

Schachteln basteln und dekorieren
(**5170**-0) Von Chr. Adjano, 32 S., 55 Farbfotos, mit Vorlagebogen in Originalgröße, kart. ●

Die große Schachtelparade
(**4438**-0) Von Present Team, 16 vierfarbige Bogen 250-g-Karton mit Schachtelstanzung mit 4 S. Einleitung. ●●●

Deco Art
Die Kunst, Geschenke zu verpacken
(**0949**-6) Von B. Niermann, 80 S., 78 Farbfotos, 191 Zeichnungen, kart. ●●

Geschenkeverpacken für Kinderfeste
(**5195**-6) Von C. Netolitzky, 32 S., 43 Farbfotos, mit Vorlagebogen in Originalgröße, kartoniert. ●

Bunte Dekorationen für den Kindergeburtstag
Mit Spielanleitung zum Fest der Tiere
(**4471**-2) Von S. Haenitsch-Weiß, A. Weiß, 8 vierfarbige Bogen 280-g-Karton mit Stanzung + 16 S., zweifarbige Ein/Anleitung. ●●

Originelles Ambiente für Gäste
Festdekorationen
(**1049**-4) Von B. Niermann, 80 S., 125 Farbfotos, 59 Farbzeichng., kartoniert. ●●

Dekorieren und Arrangieren mit
Seidenblumen
(**5200**-6) Von M. L. Spang, 32 S., 37 Farbfotos, 14 Farbzeichnungen, mit Vorlagebogen in Originalgröße, kartoniert. ●

Tischkarten dekorativ gestalten
aus allerlei Material für viele Anlässe
(**0946**-1) Von H. York, 32 S., 108 Farbfotos, Pappband. ●

Glückwunschkarten
(**5179**-4) Von A. Kolb, B. Michel, 32 S., 54 Farbfotos, mit Vorlagebogen in Originalgröße, kartoniert. ●

Altes Brauchtum neu entdeckt
Schmuck-Eier
Kunstvoll gestalten und verzieren. (**0919**-4) Von I. Kiskalt, 32 S., 45 Farbfotos, 3 s/w-Zeichnungen, Pappband. ●

Dekorationen für Ostern
(**5198**-0) Von Y. Thalheim, H. Nadolny, 32 S., 48 Farbfotos, mit Vorlagebogen in Originalgröße, kartoniert. ●

Basteln für Ostern
(**5164**-6) Von Chr. Adjano, 32 S., 47 Farbfotos, mit Vorlagebogen in Originalgröße, kart. ●

Weihnachtsgeschenke schön verpacken
Schachteln · Dekorationen · Geschenkpapiere
(**4469**-0) Von Present Team, 10 vierfarbige Bogen 250-g-Karton mit Stanzung, 4 Bogen Geschenkpapier + 4 S. Einleitung. ●●●

Alle Jahre wieder...
Advent und Weihnachten
Basteln, Backen, Schmücken, Singen, Vorlesen, Feiern
(**4260**-4) Von H. und Y. Nadolny, 256 S., 105 Farbfotos, 130 Zeichn., Pappband. ●●●

Basteln und dekorieren für
Advent und Weihnachten
(**4446**-1) Von G. Teusen, C. Netolitzky, 176 S., 285 Farbfotos, mit Bastelvorlagebogen, Pappband. ●●●

Basteln für Weihnachten
(**5162**-X) Von Chr. Adjano, 32 S., 44 Farbfotos, mit Vorlagebogen in Originalgröße, kart. ●

Fensterdekorationen für die Weihnachtszeit
(**5181**-6) Von Y. Thalheim, H. Nadolny, 32 S., 33 Farbfotos, mit Vorlagebogen in Originalgröße, kartoniert. ●

Adventskalender
(**5178**-6) Von Y. Thalheim, H. Nadolny, 32 S., 35 Farbfotos, mit Vorlagebogen in Originalgröße, kartoniert. ●

Weihnachtsbasteleien
Advents- und Weihnachtsschmuck für groß und klein
(**0667**-5) Von M. Kühnle und S. Beck, 32 S., 56 Farbfotos, 6 Zeichnungen, Pappband. ●

Feuerzeichen behaglicher Wohnkultur
Kachelöfen, Kamine und Kaminöfen
(**4288**-4) Hrsg. von C. Berninghaus. Von R. Heinen, G. Kosicek, H.P. Sabborrosch, 168 S., 291 Farbfotos, 2 s/w-Fotos, 8 Zeichnungen, Pappband. ●●●●

Falken Handbuch
Heimwerken
Reparieren und Selbermachen im Haus und Wohnung – über 1100 Farbfotos. Praktische Tips vom Profi: Selbermachen, Reparieren, Renovieren, Kostensparen. (**4117**-9) Von Th. Pochert, 440 S., 1103 Farbfotos, 100 ein- und zweifarbige Abb., Pappband. ●●●●

Restaurieren von Möbeln
Stilkunde, Materialien, Techniken, Arbeitsanleitungen in Bildfolgen.
(**4120**-9) Von E. Schnaus-Lorey, 152 S., 37 Farbfotos, 75 s/w-Fotos, 352 Zeichnungen, Pappband. ●●●●

Möbel aufarbeiten, reparieren und pflegen
(**0386**-2) Von E. Schnaus-Lorey, 96 S., 28 Fotos, 101 Zeichnungen, kart. ●

FALKEN-Heimwerker-Praxis
Kleinmöbel aus Holz
(**0905**-4) Von O. Maier, 128 S., 210 Farbfotos, 80 Zeichnungen, kart. ●●

FALKEN-Heimwerker-Praxis
Anstreichen und Lackieren
(**0771**-X) Von P. Müller, 120 S., 196 Farbfotos, 2 s/w-Fotos, 3 Zeichnungen, kart. ●●

FALKEN-Heimwerker-Praxis
Elektroarbeiten
(**0975**-5) Von K.H. Schubert, 120 S., 193 Farbfotos, 40 Zeichnungen, kart. ●●

Falken-Heimwerker-Praxis
Mofa- und Moped-Reparaturen
(**1008**-7) Von T. Kohlmey, 128 S., 280 Farbabbildg. und Zeichng., kartoniert. ●●

FALKEN-Heimwerker-Praxis
Fahrrad-Reparaturen
(**0796**-5) Von R. van der Plas, 112 S., 140 Farbfotos, 113 farbige Zeichnungen, kart. ●●

Ikebana
Einführung in die japanische Kunst des Blumensteckens. (**0548**-2) Von G. Vocke, 152 S., 47 Farbfotos, kart. ●●

Blütenbilder aus Blumen und Blättern
Phantasievolle Naturcollagen
(**0872**-4) Von G. Schamp, 32 S., 57 Farbfotos, 1 Zeichnung, Pappband. ●

Hobby Gewürzsträuße
und zauberhafte Gebinde nach Salzburger Art. (**0726**-4) Von A. Ott, 80 S., 101 Farbfotos, 51 farbige Zeichnunen, kart. ●●

Hobby Trockenblumen
Gewürzsträuße, Gestecke, Kränze, Buketts. (**0643**-8) Von R. Strobel-Schulze, 88 S., 170 Farbfotos, kart. ●●

Neue zauberhafte Trockenblumen-Ideen
(**0821**-X) Von R. Strobel-Schulze, 80 S., 163 Farbfotos, kart. ●●

Phantasievolles Schminken
Verzauberte Gesichter für Maskeraden, Laienspiele und Kinderfeste
(**0907**-0) Hrsg.: H. u. Y. Nadolny, 64 S., 227 Farbfotos, kartoniert. ●●

Schminken für Kinder
(**5177**-8) Von Y. Thalheim, H. Nadolny, 32 S., 68 Farbfotos, mit Vorlagebogen in Originalgröße, kartoniert. ●

Mit vollem Genuß **Pfeife rauchen**
Alles über Tabaksorten, Pfeifen und Zubehör
(**4227**-2) Von H. Behrens, H. Frickert, 168 S., 127 Farbfotos, 18 Zeichn., Pappband. ●●●●

Pfeiferauchen leicht gemacht
Die richtige Art, Tabak zu genießen
(**1026**-5) Von O. Pollner, 112 S., 125 Farbfotos, 5 zweifarbige-Abb., kart. ●●

Münzen
Ein Brevier für Sammler. (**0353**-6) Von E. Dehnke, 128 S., 4 Farbtafeln, 17 s/w-Abb., kart. ●●

Die Fazination der Philatelie
Briefmarken sammeln
(**4273**-6) Von D. Stein, 212 S., 124 s/w-Fotos, 24 Farbtafeln, Pappband. ●●●

Briefmarken sammeln
(**0481**-8) Von D. Stein. 120 S., 4 Farbtafeln, 98 s/w-Abb., kart. ●

Freizeit mit dem Mikroskop
(**0291**-2) Von M. Deckart, 132 S., 8 Farbtafeln, 64 s/w-Abb., 2 Zeichnungen, kart. ●●

Astronomie im Bild
Unser Sternenhimmel rund ums Jahr
(**0849**-X) Von Dr. E. Übelacker, 88 S., 48 Farbfotos, 1 s/w-Foto, 68 Farbzeichn., kart. ●●

Astronomie als Hobby
Sternbilder und Planeten erkennen und benennen. (**0572**-5) Von D. Block, 176 S., 16 Farbtafeln, 49 s/w-Fotos, 93 Zeichnungen, kart. ●●

Moderne Fotopraxis
(**4401**-1) Von G. Koshofer, Prof. H. Wedewardt, 224 S., 363 Farbfotos, 106 s/w-Fotos, 5 Farb- und 24 s/w-Zeichnungen, Pappband. ●●●

Mach dir ein Bild
Praxistips für Foto, Film und Video
(**4410**-0) Von G. Staab, 208 S., 202 Farbfotos, 175 s/w-Fotos, 1 Zeichnung, Pappband. ●●●

So macht man bessere Fotos
Das meistverkaufte Fotobuch der Welt
(**0614**-4) Von M. L. Taylor, 192 S., 457 Farbfotos, 8 s/w-Fotos, 7 Zeichnungen, kart. ●●

Aktfotografie
Interpretationen zu einem unerschöpflichen Thema. Gestaltung · Technik · Spezialeffekte. (**0737**-X) Von H. Wedewardt, 88 S., 144 Farb- und 6 s/w-Fotos, 6 Zeichnungen, kart. ●●

Videografieren
Filmen mit Video 8. Technik – Bildgestaltung – Schnitt – Vertonung. (**0843**-0) Von M. Wild, K. Möller, 120 S., 101 Farbfotos, 22 s/w-Fotos, 52 Zeichnungen, kart. ●●

Videografieren perfekt
Profitricks für Aufnahmetechnik und Nachbearbeitung
(**0969**-0) Von W. Schild, 120 S., 144 Farbabb., 5 s/w-Zeichnungen, kart. ●●●

Schmalfilmen
Ausrüstung · Aufnahmepraxis · Schnitt · Ton. (**0342**-0) Von U. Ney, 108 S., 4 Farbtafeln, 25 s/w-Fotos, kart. ●

Anlagenbau in Modultechnik
für Modelleisenbahnen und Dioramen. (**0845**-7) Von J. Thal, 104 S., 68 Farbfotos, 28 Zeichnungen, kart. ●●●

Kleine Welt auf Rädern
Das faszinierende Spiel mit **Modelleisenbahnen** (**4175**-6) Von F. Eisen, 256 S., 72 Farb- und 180 s/w-Fotos, 25 Zeichnungen, Pappband. ●●●

Elektronik als Hobby
Von der Grundlagenschaltung zum integrierten Schaltkreis
Mit 8 wichtigen Universalplatinen
(**4293**-0) Von W. Priesterath, 264 S., 80 s/w-Fotos, 128 Zeichn., Pappband. ●●●

Die Super-Sportwagen der Welt
(**4423**-2) Von H.G. Isenberg, 194 S., 184 Farbfotos, 4 farbige Ausklapptafeln, 32 s/w-Fotos, Pappband. ●●●●

Die Super Oldtimer der Welt
(**4465**-8) Von H. G. Isenberg, 194 S., 161 Farb- und 36 s/w-Fotos, 4 Ausklapptafeln, Pappband. ●●●●

Die Super-Trucks der Welt
(**4257**-4) Von H. G. Isenberg, 194 S., 205 Farbfotos, 87 s/w-Fotos, 7 Farbzeichnungen, 4 farb. Ausklapptafeln, Pappband. ●●●●

Die Super-Motorräder der Welt
(**4193**-4) Von H. G. Isenberg, 192 S., 170 Farb- und 100 s/w-Fotos, 8 Zeichnungen, Pappband. ●●●●

Die Super-Eisenbahnen der Welt
(**4287**-6) Von W. Kosak, H. G. Isenberg, 224 S., 269 Farbfotos, 79 s/w-Fotos, 8 Vignetten, 5 farb. Ausklapptafeln, Pappband. ●●●●

Sport und Fitneß

Neue Lehrmethoden der Judo-Praxis
(**0424**-9) Von P. Herrmann, 223 S., 475 Abb., kart. ●●

Judo
Grundlagen - Methodik. (**0305**-6) Von M. Ohgo, 208 S., 1025 Fotos, kart. ●●

Fußwürfe
für Judo, Karate und Selbstverteidigung. (**0439**-7) Von H. Nishioka, übers. von H.J. Heese, 96 S., 260 Abb., kart. ●●

Modernes Karate
Das große Standardwerk mit 2279 Abbildungen. (**4280**-9) Von T. Okazaki, Dr. med. M. V. Stricevic, übers. von M. Pabst, 376 S., 2279 s/w-Abb., Pappband. ●●●●●

Nakayamas Karate perfekt 1
Einführung. (**0487**-7) Von M. Nakayama, 136 S., 605 s/w-Fotos, kart. ●●

Nakayamas Karate perfekt 2
Grundtechniken. (**0512**-1) Von M. Nakayama, 136 S., 354 s/w-Fotos, 53 Zeichn., kart. ●●

Nakayamas Karate perfekt 3
Kumite 1: Kampfübungen. (**0538**-5) Von M. Nakayama, 128 S., 424 s/w-Fotos, kart. ●●

Nakayamas Karate perfekt 4
Kumite 2: Kampfübungen. (**0547**-4) Von M. Nakayama, 128 S., 394 s/w-Fotos, kart. ●●

Nakayamas Karate perfekt 5
Kata 1: Heian, Tekki. (**0571**-7) Von M. Nakayama, 144 S., 1229 s/w-Fotos, kart. ●●

Nakayamas Karate perfekt 6
Kata 2: Bassai-Dai, Kanku-Dai, (**0600**-4) Von M. Nakayama, 144 S., 1300 s/w-Fotos, 107 Zeichnungen, kart. ●●

Nakayamas Karate perfekt 7
Kata 3: Jitte, Hangetsu, Empi. (**0618**-7) Von M. Nakayama, 144 S., 1988 s/w-Fotos, 105 Zeichnungen, kart. ●●

Nakayamas Karate perfekt 8
Gankaku, Jion. (**0650**-0) Von M. Nakayama, 144 S., 1174 s/w-Fotos, 99 Zeichnungen, kart. ●●

Karate für alle
Karate-Selbstverteidigung in Bildern. (**0314**-5) Von A. Pflüger, 104 S., 323 s/w-Fotos, kart. ●●

Fit mit **Karate**
(**2308**-1) Von A. Pflüger, 96 S., 134 Farbfotos, 4 s/w-Zeichnungen, kart. ●●

25 Shotokan-Katas
Auf einen Blick: Karate-Katas für Prüfungen und Wettkämpfe. (**0859**-7) Von A. Pflüger, 88 S., 185 s/w-Abb., 24 ganzseitige Tafeln mit über 1.600 Einzelschritten, kart. ●●

Kontakt-Karate
Ausrüstung · Technik · Training. (**0396**-X) Von A. Pflüger, 112 S., 238 s/w-Fotos, kart. ●●

Bo-Karate
Habo-Jitsu – die Techniken des Stockkampfes. (**0447**-8) Von G. Stiebler, 176 S., 424 s/w-Fotos, 38 Zeichnungen, kart. ●●

Karate 1
Einführung · Grundtechniken. (**0227**-0) Von A. Pflüger, 144 S., 195 s/w-Fotos, 120 Zeichnungen, kart. ●

Karate 2
Kombinationstechniken · Katas. (**0239**-4) Von A. Pflüger, 176 S., 452 s/w-Fotos und Zeichnungen,kart. ●

Karate Kata 1
Heian 1–5, Tekki 1, Bassai Dai. (**0683**-7) Von W.-D. Wichmann, 164 S., 703 s/w-Fotos, kart. ●●

Karate Kata 2
Jion, Empi, Kanku-Dai, Hangetsu. (**0723**-X) Von W.-D. Wichmann, 140 S., 661 s/w-Fotos, 4 Zeichnungen, kart. ●●

Der König des Kung-Fu
Bruce Lee
Sein Leben und Kampf. (**0392**-7) Von L. Lee, 136 S., 104 s/w-Fotos, kart. ●●

Bruce Lees Kampfstil 1
Grundtechniken. (**0473**-7) Von B. Lee, M. Uyehara, 109 S., 220 Abb., kart. ●

Bruce Lees Kampfstil 2
Selbstverteidigungs-Techniken. (**0486**-9) Von B. Lee, M. Uyehara, 128 S., 310 Abb., kart. ●

Bruce Lees Kampfstil 3
Trainingslehre. (**0503**-2) Von B. Lee, M. Uyehara, 112 S., 246 Abb., kart. ●

Bruce Lees Kampfstil 4
Kampftechniken (**0523**-7) Von B. Lee, M. Uyehara, 104 S., 211 Abb., kart. ●

Kung-Fu 1
Legende · Philosophie · Grundtechniken (**0891**-0) Von Chr. Yim, 152 S., 401 s/w-Fotos, 2 s/w-Zeichnungen, kart. ●●

Kung-Fu und Tai-Chi
Grundlagen und Bewegungsabläufe. (**0367**-6) Von B. Tegner, 182 S., 370 s/w-Fotos, kart. ●●

Kung-Fu
Grundlagen · Bewegungsabläufe · Körperschule. (**0376**-5) Von M. Pabst, 160 S., 330 Abb., kart. ●●

Bruce Lees Jeet Kune Do
(**0440**-0) Von B. Lee, 192 S., mit 105 eigenhändigen Zeichnungen von B. Lee, kart. ●●

Shaolin-Kempo – Kung-Fu
Chinesisches Karate im Drachenstil. (**0395**-1) Von R. Czerni, K. Konrad, 246 S., 723 Abb., kart. ●●

Kickboxen
Fitneßtraining und Wettkampfsport. (**0795**-7) Von G. Lemmens, 96 S., 208 s/w-Fotos, 23 Zeichnungen, kart. ●●

Ninja 1
Die Lehre der Schattenkämpfer. (**0758**-2) Von S.K. Hayes, übers. von J. Schmit, 144 S., 137 s/w-Fotos, kart. ●●

Ninja 2
Die Wege zum Shoshin (**0763**-9) Von S.K. Hayes, übers. von J. Schmit, 160 S., 309 s/w-Fotos, 2 Zeichnungen, kart. ●●

Ninja 3
Der Pfad des Togakure-Kämpfers. (**0764**-7) Von S.K. Hayes, übers. von J. Schmit, 144 S., 197 s/w-Fotos, 2 Zeichnungen, kart. ●●

Ninja 4
Das Vermächtnis der Schattenkämpfer (**0807**-4) Von S.K. Hayes, übers. von J. Schmit, 196 S., 466 s/w-Fotos, kart. ●●

Taekwondo perfekt 1
Die Formenschule bis zum Blaugurt (**0890**-2) Von K. Gil, Kim Chul-Hwan, 176 S., 439 s/w-Fotos, 107 Zeichnungen, kart. ●●

Taekwondo perfekt 2
Die Formenschule vom Blau- bis zum Schwarzgurt
(**0976**-3) Von K. Gil, K. Chul-Hwan, 192 S., 461 s/w-Fotos, 112 Zeichnungen, kart. ●●

Taekwondo perfekt 3
(**1068**-0) Von K. Gil, K. Chul-Hwan, 200 S., 429 s/w-Fotos, kartoniert. ●●

Illustriertes Handbuch des Taekwondo
Koreanische Kampfkunst und Selbstverteidigung. (**4053**-9) Von K. Gil, 248 S., 1026 Abb., Pappband. ●●●

Taekwon-Do
Koreanischer Kampfsport. (**0347**-1) Von K. Gil, 152 S., 408 Abb., kart. ●●

Ju-Jutsu als Wettkampf
(**0826**-0) Von G. Kulot, 168 S., 418 s/w-Fotos, 2 Zeichnungen, kart. ●●

Ju-Jutsu 1
Grundtechniken - Moderne Selbstverteidigung. (**0276**-9) Von W. Heim, F.J. Gresch, 164 S., 450 s/w-Fotos, 8 Zeichn., kart. ●

Ju-Jutsu 2
für Fortgeschrittene und Meister. (**0378**-1) Von W. Heim, F. J. Gresch, 160 S., 798 s/w-Fotos, kart. ●●

Ju-Jutsu 3
Spezial-, Gegen- und Weiterführungs-Techniken · Stockkampfkunst. (**0485**-0) Von W. Heim, F.J. Gresch, 200 S., über 600 s/w-Fotos, kart. ●●

Aikido
Lehren und Techniken des harmonischen Weges. (**0537**-7) Von R. Brand, 280 S., 697 Abb., kart. ●●

Hap Ki Do
Koreanische Selbstverteidigung nach dem Lehrsystem des Großmeisters. (**0379**-X) Von Kim Sou Bong, 112 S., 152 Abb., kart. ●●

Dynamische Tritte
Grundlagen für den Zweikampf. (**0438**-9) Von C. Lee, 96 S., 398 s/w-Fotos, 10 Zeichnungen, kart. ●●

Selbstverteidigung
Abwehrtechniken für Sie und Ihn (**0853**-8) Von E. Deser, 96 S., 259 s/w-Fotos, kart. ●

Die Faszination athletischer Körper
Bodybuilding
mit Weltmeister Ralf Möller. (**4281**-7) Von R. Möller, 128 S., 169 Farbfotos, 14 s/w-Fotos, 1 Farbzeichn., Pappband. ●●●●

Bodyshaping · Bodybuilding
Mit Anja Albrecht zur Idealfigur. (**4405**-4) Von A. Albrecht, 128 S., 164 Farbfotos, 4 s/w-Fotos, 1 Farb- und 1 s/w-Zeichnung, Pappband. ●●●●

Ladyfitneß
Das neue Körperbewußtsein der Frau
Bodyshaping · Körperpflege · Ernährung · Entspannung
(**4433**-X) Von Prof. Dr. S. Starischka, B. Grabis, D. von Gramm, G.W. Kienitz, ca. 128 S., ca. 113 Farbfotos, Pappband. ●●●

Bodybuilding für Frauen
Wege zu Ihrer Idealfigur (**0661**-6) Von H. Schulz, 112 S., 84 s/w-Fotos, 4 Zeichnungen, kart. ●

Fit mit **Bodybuilding**
(**2314**-6) Von L. Spitz, 112 S., 203 Farbabbildungen, 10 Tabellen. ●●

Bodybuilding Anleitung zum Muskel- und Konditionstraining für sie und ihn. (**0604**-7) Von R. Smolana, 160 S., 171 s/w-Fotos, kart. ●

Hanteltraining zu Hause
(**0800**-7) Von W. Kieser, 80 S., 71 s/w-Fotos, 4 Zeichnungen, kart. ●

Leistungsfähiger durch Krafttraining
Eine Anleitung für Fitness-Sportler, Trainer und Athleten (**0617**-9) Von W. Kieser, 96 S., 20 s/w-Fotos, 62 Zeichnungen, kart. ●

Fit und gesund
Fitneßtraining und Bodybuilding zu Hause. Trainingsprogramme für Ihr Wohlbefinden. (**0782**-5) Von Prof. Dr. S. Starischka, 80 S., 100 Farbfotos, 3 Zeichnungen, kart. ●●

Optimale Ernährung
für Krafttraining und Budybuilding. (**0912**-7) Von B. Dahmen, 88 S., 8 Farbtafeln, 8 Zeichnungen, kart. ●

Fit mit **Bio-Training**
für Kraft, Ausdauer und Schnelligkeit (**2310**-3) Von L. Spitz, 112 S., 197 Farbfotos, 11 Farb- und 4 s/w-Zeichnungen, kart. ●●

Top-Form im Sport
Ernährungs-Training
Das Erfolgsprogramm für den Ausdauersportler. (**0945**-3) Von M. Inzinger, Dipl.-Oec. troph. G. Wagner, 160 S., 31 Farbzeichnungen, 16 Grafiken, kart. ●●

Gesund und fit durch **Konditionstraining und Wirbelsäulengymnastik**
(**0844**-9) Von R. Milser u. K. Grafe, 104 S., 99 Farbfotos, 12 Farbzeichnungen, 5 s/w-Zeichnungen, kart. ●●

Fit mit **Tai Chi**
als sanfte Körpererfahrung (**2305**-7) Von B. u. K. Moegling, 112 S., 121 Farbfotos, 6 Farb- u. 4 s/w-Zeichnungen, kart. ●●

Isometrisches Training
Übungen für Muskelkraft und Entspannung. (**0529**-6) Von L. M. Kirsch, 140 S., 162 s/w-Fotos, kart. ●●

Stretching
Mit Dehnungsgymnastik zu Entspannung. Geschmeidigkeit und Wohlbefinden. (**0717**-5) Von H. Schulz, 80 S., 90 s/w-Fotos, kart. ●

Fit mit **Stretching**
(**2304**-9) Von B. Kurz, 96 S., 255 Farbfotos, kart. ●●

Gesund und fit durch Gymnastik
(**0366**-8) Von H. Pilss-Samek, 88 S., 130 Abb., kart. ●

Fit und frisch
Gymnastik für die ganze Familie (**6501**-9) Von G. Sieber, 104 S., 306 Farbfotos, 5 Farbzeichnungen, kart., mit Audiokassette, Laufzeit 30 Min., ●●●

Fit mit Frank Elstner
Das neue Aktiv-Programm (**4430**-5) Hrsg. von Frank Elstner, fachl. Mitarbeiter Prof. Dr. S. Starischka u.a., 184 S., 215 Farbfotos, 72 Zeichnungen, 8 farbige Grafiken. ●●●●

Fit mit **Laufen**
(**2315**-4) Von W. Sonntag, 96 S., 60 Farbfotos, 8 Farbzeichnungen, kart. ●●

Spaß am Laufen
Jogging für die Gesundheit. (**0470**-2) Von W. Sonntag. 140 S., 41 s/w-Fotos, 1 Zeichnung, kart. ●

Fit mit **Sportschießen**
(**2312**-X) Von H. Gabelmann, ca. 112 S., ca. 100 Farbabbildungen, kart. ●●

Fechten
Florett · Degen · Säbel. (**0449**-4) Von E. Beck, 88 S., 185 Fotos, 10 Zeichnungen, kart. ●●

Fit mit **Sportabzeichen**
(**2307**-3) Von G. Hennige, 104 S., 107 Farbfotos, kart. ●●

Volleyball
Technik · Taktik · Regeln. (**0351**-X) Von H. Huhle, 104 S., 330 Abb., kart. ●

Fit mit **Volleyball**
(**2302**-2) Von Dr. A. Scherer, 104 S., 27 Farb- und 1 s/w-Foto, 12 Farb- und 29 s/w-Zeichnungen, kart. ●●

Fit mit **Fußball**
(**2309**-X) Von H. Obermann, P. Walz, 112 S., 47 Farbfotos, 18 Farb- und 25 s/w-Zeichnungen, kart. ●●

Handball
Technik · Taktik · Regeln. (**0426**-5) Von F. und P. Hattig, 128 S., 91 s/w-Fotos, 121 Zeichnungen, kart. ●●

Die neue Tennis-Praxis
Der individuelle Weg zu erfolgreichem Spiel. (**4097**-0) Von R. Schönborn, 240 S., 202 Farbzeichnungen, 31 s/w-Abb., Pappband. ●●●●

Tennis
Technik · Taktik · Regeln. (**0375**-7) Von W. u. S. Taferner, 112 S., 81 Abb., kart. ●

Tischtennis-Technik
Der individuelle Weg zu erfolgreichem Spiel. (**0775**-2) Von M. Perger, 144 S., 296 Abb. kart. ●●

Badminton
Technik · Taktik · Training. (**0699**-3) Von K. Fuchs, L. Sologub, 168 S., 51 Abb., kart., ●●

Squash
Ausrüstung · Technik · Regeln. (**0539**-3) Von D. von Horn, H.-D. Stünitz, 96 S., 55 s/w-Fotos, 25 Zeichnungen, kart. ●

Fit mit **Squash**
(**2311**-1) Von P. Langhammer, R. Michna, 96 S., 86 Farbfotos, 13 Farbzeichnungen, kart. ●●

Eishockey
Lauf- und Stocktechnik, Körperspiel, Taktik, Ausrüstung und Regeln. (**0414**-1) Von J. Čapla, 264 S., 548 s/w-Fotos, 163 Zeichnungen, kart. ●●

Golf
Ausrüstung und Technik. (**0343**-9) Von J.C. Jessop, übersetzt von H. Biemer, mit einem Vorwort von H. Krings, Präsident des Deutschen Golf-Verbandes, 96 S., 57 Abb., Anhang Golfregeln des DGV, kart. ●●

Pool-Billard
(**0484**-2) Herausgegeben vom Deutschen Pool-Billard-Bund. Von M. Bach, K.-W. Kühn, 104 S., 64 Abb., kart. ●

Tanzstunde
Das Welttanzprogramm leicht gelernt (**4409**-2) Von G. Hädrich, 164 S., 489 s/w-Fotos, 63 Zeichnungen, Pappband. ●●●

Wir lernen tanzen
Standard- und lateinamerikanische Tänze (**0200**-9) Von E. Fern, 152 S., 119 s/w-Fotos, 47 Zeichnungen, kart. ●

Fit mit **Tanzen**
(**2303**-0) Von K. Richter, H. Kleinow, 96 S., 102 Farbfotos, kart. ●●

Dancing
Moderne Discotänze: mit Mambo und Salsa (**0977**-1) Von B. und F. Weber, 96 S., 207 s/w-Fotos, kart. ●●

Jive
(**5174**-3) Von Peter Wolff, 32 S., 66 Farbfotos, 7 Zeichng., mit Tanzteppich, kartoniert. ●

Cha-Cha-Cha
(**5177**-9) Von Peter Wolff, 32 S., 51 Farbfotos, 10 Zeichnungen, mit Tanzteppich, kartoniert. ●

Foxtrott
(**5172**-7) Von Peter Wolff, 32 S., 55 Farbfotos, 10 Zeichnungen, mit Tanzteppich, kartoniert. ●

Langsamer Walzer
(**5173**-5) Von Wolff, 32 S., 50 Farbfotos, 10 Zeichnungen, mit Tanzteppich, kartoniert. ●

Dirty Dancing
Step by Step leicht gelernt (**0992**-5) Von D. Glück, G. Teusen, 80 S., 140 Farbfotos, kart. ●●

Anmutig und fit durch
Bauchtanz
(**0911**-9) Von Marta, 120 S., 229 Farbfotos, 6 s/w-Zeichnungen, kart. ●●

Sporttauchen
Theorie und Praxis des Gerätetauchens (**0647**-0) Von S. Müßig, 144 S., 8 Farbtafeln, 35 s/w-Fotos, 89 Zeichnungen, kart. ●●

Angelfischerei von Aal bis Zander
Fische · Geräte · Technik. (**0324**-2) Von H. Oppel, 72 S., 16 Farbt., 49 s/w-Abb., kart. ●●

Angeln
Kleine Fibel für den Sportfischer. (**0198**-3) Von E. Bondick, 80 S., 4 Farbt., 116 Abb., kart. ●

Falken-Handbuch **Angeln**
in Binnengewässern und im Meer. (**4090**-3) Von H. Oppel, 344 S., 24 Farbtafeln, 66 s/w-Fotos, 151 Zeichn., gebunden. ●●●●

Funboard-Surfen
Material · Technik · Regatten · Internationale Reviere. (**4297**-3) Von J. Evans, 144 S., 106 Farbfotos, 9 Farbzeichnungen, 68 zweifarbige und 5 s/w-Zeichnungen, kart. ●●●

Fit mit
Surfen
(**2317**-3) Von H. Mönster, K.-H. Eden, B. Bohr, 104 S., 110 Farbfotos, 23 s/w-Zeichnungen, kartoniert. ●●

TELESKI
Skigymnastik perfekt (**1037**-0) Von M. Vorderwülbecke, G. Kern, 120 S., 220 Farbfotos, 16 farbige Grafiken, 19 Farbzeichnungen, kartoniert. ●●

Fibel für Kegelfreunde
Sport- und Freizeitkegeln · Bowling (**0191**-6) Von G. Bocsai, 72 S., 62 Abb., kart. ●

Fit mit **Kegeln**
(**2301**-4) Von G. Gromann, 96 S., 51 Farbfotos, 50 Farb- und 4 s/w-Zeichnungen, kart. ●●

Beliebte und neue Kegelspiele
(**0271**-8) Von H. Regulski, 92 S., 62 Abb., kart. ●

111 spannende Kegelspiele
(**2031**-7) Von H. Regulski, 80 S., 53 Zeichnungen, kart. ●

Schach

Einführung in das Schachspiel
(**0104**-5) Von W. Wollenschläger und K. Colditz, 112 S., 116 Diagramme, kart. ●

Falken-Handbuch
Schach
(**4051**-2) Von T. Schuster, 360 S., über 340 Diagramme, gebunden. ●●●●

Spielend Schach lernen
(**2002**-3) Von T. Schuster, 96 S., kart. ●

Kinder- und Jugendschach
Offizielles Lehrbuch des Deutschen Schachbundes zur Erringung der Bauern-, Turm- und Königsdiplome. (**0561**-X) Von B.J. Withuis, H. Pfleger, 144 S., 220 Zeichnungen und Diagramme, kart. ●●

Zug um Zug
Schach für jedermann 1
Offizielles Lehrbuch des Deutschen Schachbundes zur Erringung des Bauerndiploms. (**0648**-9) Von H. Pfleger, E. Kurz, 80 S., 24 s/w- Fotos, 8 Zeichn., 60 Diagramme, kart. ●

FALKEN-Software
Zug um Zug
Schach für jedermann 1
(**7015**-2) Wendediskette für C 64/C 128 PC, mit Begleitheft. ●●●*

(**7005**-1) Wendediskette für Atari ST 520/1040 mit Begleitheft. ●●●●●*

Zug um Zug
Schach für jedermann 2
Offizielles Lehrbuch des Deutschen Schachbundes zur Erringung des Turmdiploms. (**0659**-4) Von H. Pfleger, E. Kurz, 128 S., 7 s/w-Fotos, 13 Zeichnungen, 78 Diagramme, kart. ●

Zug um Zug
Schach für jedermann 3
Offizielles Lehrbuch des Deutschen Schachbundes zur Erringung des Königdiploms. (**0728**-0) Von H. Pfleger, G. Treppner, 128 S., 4 s/w-Fotos, 84 Diagramme, 10 Zeichnungen, kart. ●

Schach für Fortgeschrittene
Taktik und Probleme des Schachspiels
(**0219**-X) Von R. Teschner, 88 S., 85 Diagramme, kart. ●

Neue Schacheröffnungen
(**0478**-8) Von T. Schuster 104 S., 100 Diagramme, kart. ●

Lehr-, Übungs- und Testbuch der Schachkombinationen
(**0649**-7) Von K. Colditz, 184 S., 227 Diagramme, kart. ●●

Erfolgreiche Schachlehre
Eröffnungs- und Mittelspielstrategie
(**0991**-7) Von D. Bronstein, 254 S., 201 Diagramme, Pappband. ●

Faszinierendes Schach
(**0989**-5) Von I. Linder, 285 S., 295 Diagramme, Pappband. ●●

Die hohe Schule der
Schachkombinationen
(**0920**-8) Von W. Golz, P. Keres, 272 S., 322 Diagramme, Pappband. ●●

Schwerfiguren greifen ein
(**0979**-8) Von J. Damski, 184 S., 244 Diagramme, Pappband. ●●

Sizilianisch siegen
durch die Kunst der Verteidigung
(**0990**-2) Von M. Taimanow, 160 S., 124 Diagramme, Pappband. ●●

Schnelle Schachsiege
Das meisterliche Gambitspiel
(**1038**-9) Von S. Samarian, 28 S., 125 Diagramme, kartoniert. ●●

Offizielles Lehrbuch des Deutschen Schachbundes
Das systematische Schachtraining
Trainingsmethoden, Strategien und Kombinationen. (**0857**-0) Von Sergiu Samarian, 152 S., 159 Diagramme, 1 Zeichn., kart. ●●

Taktische Schachendspiele
(**0752**-3) Von J. Nunn, 208 S., 152 Diagramme, kart. ●●

Schachstrategie
Ein Intensivkurs mit Übungen und ausführlichen Lösungen. (**0584**-9) Von A. Koblenz, dt. Bearb. von K. Colditz, 212 S., 240 Diagramme, kart. ●●

Schachtraining mit den Großmeistern
(**0670**-5) Von H. Bouwmeester, 128 S., 90 Diagramme, kart. ●●

Die besten Partien deutscher Schachgroßmeister
(**4121**-7) Von H. Pfleger, 192 S., 29 s/w-Fotos, 89 Diagramme, Pappband. ●●●

So denkt ein Schachmeister
Strategische und taktische Analysen.
(**0915**-1) Von H. Pfleger, G. Treppner, 120 S., 75 Diagramme, kart. ●●

Schach als Kampf
Meine Spiele und mein Weg. (**0729**-9) Von G. Kasparow, 144 S., 95 Diagramme, 9 s/w-Fotos, kart. ●●

Kasparows Schacheröffnungen
(**1021**-4) Von O. Borik, 136 S., 16 s/w-Fotos, kartoniert. ●●

Helmut Pflegers
Schachkabinett
Amüsante Aufgaben – überraschende Lösungen. (**0877**-5) Von H. Pfleger, 160 S., 118 Diagramme, kart. ●●

Schach mit dem Computer
(**0747**-7) Von D. Frickenschmidt, 140 S., 112 Diagramme, 29 s/w-Fotos, 5 Zeichnungen, kart. ●●

FALKEN-Software
Das komplette Schachprogramm
Spielen, Trainieren, Problemlösen mit dem Computer. (**7006**-3) Von J. Egger, Diskette für C 64, C 128 PC, mit Begleitheft. ●●●●●*

Mensch und Gesundheit

Total verknallt... und keine Ahnung?
Alles über Liebe, Sex und Zärtlichkeit
(**1024**-9) Von H. Bruckner, R. Rathgeber, 104 S., 38 Abbildungen, kartoniert. ●●

Sinnliche Liebe
Sex und Partnerschaft
(**4436**-4) Von Dr. A. Stanway, 160 S., 60 vierfarbige Illustrationen, Pappband. ●●●●

Streicheleinheiten für Körper und Seele
Partner Massage
(**4444**-5) Von Chr. Unseld-Baumanns, 136 S., 145 Farbfotos, Pappband. ●●●●

Der moderne Ratgeber
Wir werden Eltern
Schwangerschaft · Geburt · Erziehung des Kleinkindes. (**4269**-8) Von B. Nees-Delaval, 376 S., 335 2-farbige Abb., Pappband. ●●●●

Wenn Sie ein Kind bekommen
(**4003**-2) Von U. Klamroth, Dr. med. H. Oster, 240 S., 86 s/w-Fotos, 30 Zeichn., kart. ●●●

Wenn der Mensch zum Vater wird
Ein heiter-besinnlicher Ratgeber
(**4259**-0) Von D. Zimmer, 160 S., 20 Zeichnungen, Pappband. ●●

Vorbereitung auf die Geburt und
Schwangerschaftsgymnastik
Atmung, Rückbildungsgymnastik.
(**0251**-3) Von s. Buchholz, 112, S., 98 s/w-Fotos, kart. ●

Yoga für Schwangere
Der Weg zur sanften Geburt
(**0777**-9) Von V. Bolesta-Hahn, 112 S., 76 zweifarbige Abb., kart. ●●

Die Kunst des Stillens
nach neuesten Erkenntnissen (**0701**-9) Von Prof. Dr. med. E. Schmidt, S. Brunn, 112 S., 20 Fotos und Zeichnungen, kart. ●

Das Babybuch
Pflege · Ernährung · Entwicklung
(**0531**-8) Von A. Burkert, 96 S., 76 zweifrg. Zeichn., 22 s/w-Zeichn., kart. ●●

Babyfitness
Massage, Spiele, Gymnastik und Schwimmen für Kinder im 1. Lebensjahr
(**1034**-6) Von G. Zeiß, 112 S., 179 zweifarbige Illustrationen, kartoniert. ●●

Wenn Kinder krank werden
Medizinischer Ratgeber für Eltern
(**4240**-X) Von Dr. med. I.J. Chasnoff, B. Nees-Delaval, 232 S., 163 Zeichn., Pbd.. ●●●

FALKEN-Software
Ego-Tests
Sich und andere besser erkennen und verstehen. (**7012**-8) Diskette für IBM PC kompatible (MS DOS) mit Begleitheft. ●●●●●*

Bildatlas des menschlichen Körpers
(**4177**-2) Von G. Pogliani, V. Vannini, 112 S., 402 Farbabb. 28 s/w-Fotos, Pappband. ●●●

Das moderne Hausbuch der Naturheilkunde
Neueste Erkenntnisse der Ganzheitsmedizin von Akupressur bis Zelltherapie
(**4403**-8) Von G. Leibold, 448 S., 263 Farbzeichn., 15 s/w-Fotos, Pappband. ●●●●●

Pillenpreise unverblümt
Rezeptfreie Medikamente:
Medizinische Grundlagen · Wirkungen · Risiken · Preisübersicht
(**4426**-7) Von Dr. rer.nat. K. Mayer, 248 S., franz. Broschur. ●●●

Ratgeber Aids
Entstehung, Ansteckung, Krankheitsbilder, Heilungschancen, Schutzmaßnahmen
(**0803**-1) Von B. Baartman, Vorwort von Dr. med. H. Jäger, 112 S., 8 Farbtafeln, 4 Grafiken, kart. ●●

Nahrungsmittelallergien
So ernähren Sie sich richtig!
(**0913**-5) Von Priv-Doz.Dr.med.Dr.med.habil. J. von Mayenburg, Prof. Dr. med. Dr. phil. S. Borelli, E. Polster, 136 S., kart. ●●

Diabetes
Krankheitsbild, Therapie, Kontrollen, Schwangerschaft, Sport, Urlaub, Alltagsprobleme, Neueste Erkenntnisse der Diabetesforschung. (**0895**-3) Von Dr. med. H.J. Krönke, 120 S., 4 Farbtafeln, 14 s/w-Fotos, 13 s/w-Zeichnungen, kart. ●

Rheuma und Gicht
Krankheitsbilder, Behandlung, Therapieverfahren, Selbstbehandlung. Richtige Lebensführung und Ernährung. (**0712**-4) Von Dr. J. Höder, J. Bandick, 104 S., kart. ●

Asthma
Pseudokrupp, Bronchitis und Lungenemphysem. (**0778**-7) Von Prof. Dr. med. W. Schmidt, 120 S., 56 Zeichnungen, kart. ●

Krampfadern
Ursachen, Vorbeugung, Selbstbehandlung, Therapieverfahren. (**0727**-2) Von Dr. med. K. Steffens, 112 S., 38 Abb., kart. ●

Gallenleiden
Krankheitsbilder, Behandlung, Therapieverfahren, Selbstbehandlung. Richtige Lebensführung und Ernährung. (**0673**-X) Von Dr. med. K. Steffens, 104 S., 34 Zeichnungen, kart. ●

Arteriosklerose
Risikofaktoren/Vorbeugung/Therapie
Richtige Ernährung bei erhöhtem Cholesterinspiegel
(**1020**-6) Von Prof. Dr. med. G. Assmann, Dr. troph. U. Wahrburg, 192 S., 84 farb. Abb., 4 s/w-Zeichnungen, kartoniert.

Naturkosmetik
Die Grundlagen gesunder und natürlicher Hautpflege
(**1080**-X) Von N. E. Haas, 120 S., 63 Farbabb., kartoniert. ●●

Gesundheit durch altbewährte Kräuterrezepte und Hausmittel aus der
Natur-Apotheke
(**4156**-X) Von G. Leibold, 236 S., 8 Farbtafeln, 100 Zeichnungen, kart. ●●

Heiltees und Kräuter für die Gesundheit
(**4123**-3) Von G. Leibold, 136 S., 15 Farbtafeln, 16 Zeichnungen, kart. ●●

Fastenkuren
Wege zur gesunden Lebensführung. Rezepte und Tips für die Nachfastenzeit. Kurzfasten · Saftfastenkuren · Fastenschalttage · Heilfasten. (**4248**-5) Von Ha. A. Mehler, H. Keppler, 144 S., 16 s/w-Fotos, 9 Zeichn., Pbd. ●●●

Die sanfte Art des Heilens
Homöopathie
Praktische Anwendung und Arzneimittellehre
(**4418**-X) Von J. H. P. Kreuter, 216 S., 49 Zeichnungen, Pappband. ●●●

Massagetechniken und Heilanzeigen
Reflexzonentherapie
(**4404**-6) Von G. Leibold, 128 S., 53 Farbzeichungen, Pappband. ●●●

Wetterfühligkeit
Vorbeugen und behandeln
Der Einfluß von Wetter und Klima auf Körper und Psyche
(**0998**-4) Von Dipl.-Met. H. Trenkle, fachl. Beratung Prof. Dr. V. Faust, 120 S., 8 Farbtafeln, 31 zweifarbige Abbildungen und Tabellen, kartoniert. ●●

Heilatmen
Ein Weg zu Lebenskraft und innerer Harmonie
(**1047**-8) Von K. Schutt, 112 S., 57 zweifarbige Abb., kartoniert. ●●●

Bewährte Naturheilverfahren bei
Asthma und Bronchitis
(**1083**-4) Von G. Leibold, 112 S., kartoniert. ●

Kneippkuren zu Hause
(**0779**-5) Von G. Leibold, 112 S., 25 Zeichnungen, kartoniert. ●

Entspannung und Schmerzlinderung durch
Massage
(**0750**-7) Von B. Rumpler, K. Schutt, 112 S., 116 zweifarbige Zeichnungen, kart. ●

Besser sehen durch Augentraining
Ein Gesundheitsprogramm zur Verbesserung des Sehvermögens.
(**0914**-3) Von K. Schutt, B. Rumpler, 96 S., 32 s/w-Zeichnungen, kart. ●

Bewährte Naturheilverfahren bei
Herz-Kreislauf-Erkrankungen
(**1084**-2) Von Dr. med. O. Wolff, G. Leibold, 104 S., kartoniert. ●

Krebsangst und Krebs behandeln
Mit einem Vorwort von Prof. Dr. med. Friedrich Douwes. (**0839**-2) Von G. Leibold, 104 S., kart. ●

Bewährte Naturheilverfahren bei
Krebs
(**1082**-6) Hrsg. H.-R. Heiligtag, 88 S., kartoniert. ●

Hypnose und Autosuggestion
Methoden - Heilwirkungen - praktische Beispiele. (**0483**-4) Von G. Leibold, 120 S., 9 Illustrationen, kart. ●

Bewährte Naturheilverfahren bei
Migräne und Schlafstörungen
(**1081**-8) Von G. Leibold, Dr. med. H. Chr. Scheiner, 112 S. kartoniert. ●

Gesunder Schlaf
Schlafstörungen ohne Medikamente erfolgreich behandeln
(**1036**-2) Von D. H. Alke, 88 S., 22 s/w-Abb., mit Audiokassette, kartoniert. ●●●

Akupressur zur Eigenbehandlung
(**0417**-6) Von G. Leibold, 112 S., 78 Abb., kart. ●

Enzyme
Vitalstoffe für die Gesundheit
(**0677**-2) Von G. Leibold, 96 S., kart. ●

Fußsohlenmassage
Heilanzeigen · Technik · Selbsthilfe
(**0714**-0) Von G. Leibold, 96 S., 38 Zeichnungen, kart. ●

Rheuma behandeln und lindern
Mit einem Vorwort von Dr. med. Max-Otto-Bruker. (**0836**-8) Von G. Leibold, 96 S., kart. ●

Heilfasten
Entschlacken · Regenerieren · Abnehmen
(**0713**-2) Von G. Leibold, 96 S., kart. ●

Besser leben durch Fasten
(**0841**-4) Von G. Leibold, 96 S., kart. ●

Die echte Schroth-Kur
(**0797**-3) Von Dr. med. R. Schroth, 88 S., 2 s/w-Fotos, kart. ●

Allergien behandeln und lindern
Mit einem Vorwort von Prof. Dr. med. Axel Stemmann.
(**0840**-6) Von G. Leibold, 96 S., 4 Zeichnungen, kart. ●

Entspannung
(**0834**-) Von Dr. med. Chr. Schenk, 88 S., 29 Zeichnungen, kart. ●

Erfolg und Lebensfreude durch
Autogenes Training und Psychokybernetik
(**1035**-4) Von D. H. Alke, 80 S., 2 s/w-Zeichnungen, mit Audiokassette, kartoniert. ●●●

Autogenes-Training
Anwendung · Heilwirkungen · Methoden
(**0541**-5) Von R. Faller, 112 S., 3 Zeichn., kart. ●

Chinesische Naturheilverfahren
Selbstbehandlung mit bewährten Methoden der physikalischen Therapie. Atemtherapie · Heilgymnastik · Selbstmassage · Vorbeugen · Behandeln · Entspannen.
(**4247**-7) Von F.T. Lie, 160 S., 292 zweifarbige Zeichnungen, Pappband. ●●●

Chinesisches Schattenboxen
Tai-Ji-Quan
für geistige und körperliche Harmonie
(**0850**-3) Von F. T. Lie, 120 S., 221 s/w-Fotos, 9 s/w-Zeichnungen, Beilage: 1 s/w-Poster mit zahlreichen Abbildungen, kart. ●●

Fit mit **Tai Chi**
als sanfte Körpererfahrung
(**2305**-7) Von B. und K. Moegling, 112 S., 121 Farbfotos, 6 Farbzeichnungen, kart. ●●

Yoga
Weg zur Harmonie
(**4417**-8) Von A. Harf, W. von Rohr, 176 S., 171 Farbfotos, 12 s/w-Zeichnungen, Pbd. ●●●●

Bauch, Taille und Hüfte gezielt formen durch
Aktiv-Yoga
(**0709**-4) Von K. Zebroff, 112 S., 102 Farbfotos, kart. ●●

Yoga für Jeden
(**0341**-2) Von K. Zebroff. 156 S., 135 Abb., Spiralbindung. ●●●

Yoga gegen Haltungsschäden und Rückenschmerzen
(**0394**-3) Von A. Raab, 104 S., 215 Abb., kart. ●

Chinesische Punktmassage
Akupressur
(**4419**-4) Von F.T. Lie, 192 S., 332 zweifarbige Abb., Pappband. ●●●

Shiatsu-Massage
Hormonisierung der Energieströme im Körper.
(**0615**-2) Von G. Leibold, 196 S., 180 Abb., kart. ●●●

Diät bei Darmkrankheiten
Durchfall - Divertikulose, Reizdarm und Darmträgheit - einheimische Sprue (Zöllakie) - Disaccharidasemangel - Dünndarmresektion - Dumping Syndrom. Rezeptteil von B. Zöllner. (**3211**-0) Von Prof. Dr. med. G. Strohmeyer, 88 S., 4 Farbtafeln, kart. ●●

Ballaststoffreiche Kost bei Funktionsstörungen des Darms
Rezeptteil von B. Zöllner.
(**3212**-9) Von Prof. Dr. med. H. Kasper, 96 S., 34 Farbfotos, 1 s/w-Foto, kart. ●●

Diät bei Krankheiten des Magens und Zwölffingerdarms
Rezeptteil von B. Zöllner, (**3201**-3) Von Prof. Dr. med. H. Kaess, 96 S., 35 Farbfotos, 1 s/w-Zeichnung, kart. ●●

Diät bei Krankheiten der Gallenblase, Leber und Bauchspeicheldrüse
Rezeptteil von B. Zöllner.
(**3207**-2) Von Prof. Dr. med. H. Kasper, 88 S., 35 Farbfotos, 1 s/w-Zeichnung, kart. ●●

Diät bei Übergewicht
Rezeptteil von B. Zöllner.
(**3209**-9) Von Prof. Dr. med. Ch. Keller, 104 S., 42 Farbfotos, 3 s/w-Zeichnungen, kart. ●●

Diät bei Gicht und Harnsäuresteinen
Rezeptteil von B. Zöllner.
(**3205**-6) Von Prof. Dr. med. N. Zöllner, ca. 100 S., ca. 40 Farbtafeln, kart. ●●

Diät bei Herzkrankheiten und Bluthochdruck
Rezeptteil von B. Zöllner. (**3202**-1) Von Prof. Dr. med. H. Rottka, 92 S., 4 Farbtafeln, kart. ●●

Richtige Ernährung wenn man älter wird
Rezeptteil von B. Zöllner. (**3204**-8) Von Prof. Dr. med. H.-J. Pusch. 96 S., 36 Farbfotos und 3 s/w-Zeichnungen, kart. ●●

Diät bei Erkrankungen der Nieren, Harnwege und bei Dialysebehandlung
Rezeptteil von B. Zöllner. (**3203**-X) Von Prof. Dr. med. Dr. h. c. H. J. Sarre und Prof Dr. med. R. Kluthe, 96 S., 33 Farbfotos, 1 s/w-Zeichnung, kart. ●●

Diät bei Zuckerkrankheit
Rezeptteil von B. Zöllner. (**3206**-4) Von Prof. Dr. med. P. Dieterle, 112 S., 42 Farbfotos, 4 vierfarbige Vignetten, 1 s/w-Zeichnung, kart. ●●

Die aktuelle Colesterin-Tabelle
(**1088**-5) Hersg. von Dr. H. Oberritter, 84 S., 1 zweifarbige Grafiken, kartoniert. ●

Kochen für Diabetiker
Gesund und schmackhaft für die ganze Familie. (**4132**-2) Von M. Toeller, W. Schumacher, A. C. Groote, 224 S., 109 Farbfotos, 94 Zeichnungen, Pappband. ●●●

Neue Rezepte für **Diabetiker-Diät**
Vollwertig - abwechslungsreich - kalorienarm. (**0418**-4) Von M. Oehlrich, 96 S., 8 Farbtafeln, kart. ●

Diät bei Störungen des Fettstoffwechsels und zur Vorbeugung der Arteriosklerose
Rezeptteil von B. Zöllner. (**3208**-0) Von Prof. Dr. med. G. Wolfram. ca. 100 S., ca. 40 Farbfotos, kartoniert. ●●

Garten und Tiere

Garten heute
Der moderne Ratgeber · Über 1000 Farbbilder. (**4283**-3) Von H. Jantra, 384 S., über 1000 Farbabb., Pappband. ●●●●

Blütenpracht in Haus und Garten
Der große praktische Ratgeber mit über 1000 farbigen Abb.
(**4145**-4) Von M. Haberer, u.a. 352 S., 1012 Farbfotos, Pbd. ●●●●

1000 ganz bewährte Garten-Tips
(**4453**-4) Von H. Jantra, 320 S., 288 zweifarbige und 62 s/w-Zeichnungen, Pappband. ●●●

Blütenpracht aus winterharten Blumenzwiebeln
(**0772**-8) Von H. Lass, 112 S., 120 Farbfotos und Zeichnungen, kart. ●●

Erfolgstips für den Obstgarten
Gesunde Früchte durch richtige Sortenwahl und Pflege.
(**0827**-9) Von F. Mühl, 184 S., 16 Farbtafeln, 33 Zeichnungen, kart. ●●

Erfolgstips für den Gemüsegarten
Mit naturgemäßem Anbau zu höherem Ertrag. (**0674**-8) Von F. Mühl, 80 S., 30 s/w-Fotos, 4 Zeichnungen, kart. ●

Mischkultur im Nutzgarten
Mit Jahreskalender und Anbauplänen (**0651**-9) Von H. Oppel, 112 S., 8 Farbtafeln, 23 s/w-Fotos, 29 Zeichnungen, kart. ●

Der richtige Schnitt von Obst- und Ziergehölzen, Rosen und Hecken
(**0619**-5) Von E. Zettl, 88 S., 8 Farbtafeln, 39 Zeichnungen, 21 s/w-Fotos, kart. ●

Gesunde Zierpflanzen im Garten
Krankheiten erkennen und behandeln
Mit neuem Diagnose-System
(**4429**-1) Von Prof. Dr. G. Stelzer, 208 S., 456 Farbfotos, 5 s/w- und 5 Farbzeichnungen, Pappband. ●●●●

Erfolgstips für den Ziergarten
Schmuckpflanzen und Rasen richtig pflegen (**0930**-5) Von F. Mühl, 156 S., 12 Farbtafeln, 26 s/w-Zeichnungen, kart. ●●

Erfolgreich gärtnern mit
Frühbeet und Folie
(**0828**-7) Von Dr. Gustav Schoser, 88 S., 8 Farbtafeln, 46 s/w-Fotos, kart. ●

Das Bio-Gartenjahr
Arbeitsplan für naturgemäßes Gärtnern (**4169**-1) Von N. Jorek, 128 S., 8 Farbtafeln, 70 s/w-Abb., kart. ●●

Erfolgreich gärtnern
durch naturgemäßen Anbau
(**4252**-3) Von I. Gabriel, 416 S., 176 Farbfotos, 212 Farbzeichnungen, Pappband. ●●●

Leben im Naturgarten
Der Biogärtner und seine gesunde Umwelt (**4124**-1) Von N. Jorek, 128 S., 68 s/w-Fotos, kart. ●●

Aktion Garten ohne Gift
Gesunde Umwelt durch natürlichen Pflanzenschutz
Ein Praxis-Handbuch von E. Hoplitschek u. B.M. Tegethoff. (**4425**-9) 176 S., 250 Farbfotos, 36 Farb- und 29 s/w-Zeichn., Pbd. ●●●●

So wird mein Garten zum Biogarten
Alles über die Umstellung auf naturgemäßen Anbau.
(**0706**-X) Von I. Gabriel, 128 S., 73 Farbfotos, 54 Farbzeichnungen, kart. ●●

Neuanlage eines Biogartens
Planung, Bodenvorbereitung, Gestaltung (**0721**-3) Von I. Gabriel, 128 S., 73 Farbfotos, 39 Zeichnungen, kart. ●●

Gesunde Pflanzen im Biogarten
Biologische Maßnahmen bei Schädlingsbefall und Pflanzenkrankheiten.
(**0707**-8) Von I. Gabriel, 128 S., 126 Farbfotos, kart. ●●

Obst und Beeren im Biogarten
Gesunde und schmackhafte Früchte durch natürlichen Anbau. (**0780**-9) Von I. Gabriel, 128 S., 109 Farbabb., kart. ●●

Gemüse im Biogarten
Gesunde Ernte durch natürlichen Anbau (**0830**-9) Von I. Gabriel, 128 S., 26 Farbfotos, 86 Farbzeichnungen, kart. ●●

Kräuter und Heilpflanzen im Biogarten
Gesunde Ernte durch natürlichen Anbau (**0929**-1) Von I. Gabriel, 112 S., 63 Farbfotos, 19 Farbzeichnungen, kart. ●●

Der biologische Zier- und Wohngarten
Planen, Vorbereiten, Bepflanzen und Pflegen (**0748**-5) Von I. Gabriel, 128 S., 72 Farbfotos, 46 Farbzeichnungen, kart. ●●

Kosmische Einflüsse auf unsere Gartenpflanzen
Sterne beeinflussen Wachstum und Gesundheit der Pflanzen. (**0708**-6) Von I. Gabriel, 112 S., 100 Farbabb., kart. ●●

Natürlich gärtnern unter Glas und Folie
Anbauen und ernten rund ums Jahr.
(**0722**-1) Von I. Gabriel, 128 S., 107 Farbabb., kart. ●●

Speisepilze aus eigener Zucht
Anbau · Pflege · Zubereitung
(**0909**-7) Von U. Groos, 72 S., 8 Farbtafeln, 16 s/w-Zeichnungen, kart. ●

Dekorative **Kübelpflanzen**
Auswahl und Pflege
(**1074**-5) Von H. Jantra, 112 S., ca. 180 Farbfotos, 35 Farbzeichnungen, kartoniert. ●●

Blütenpracht auf Balkon und Terrasse
(**0928**-3) Von M. Haberer, 88 S., 139 Farbfotos, kart. ●●

Gemüse, Kräuter, Obst aus dem Balkongarten
- Erfolgreich ernten auf kleinstem Raum (**0694**-2) Von S. Stein, 32 S., 34 Farbfotos, 6 Zeichnungen, Spiralbindung, kart. ●

Grabgestaltung
Bepflanzung und Pflege zu jeder Jahreszeit (**5120**-4) Von N. Uhl, 64 S., 77 Farbfotos, 2 Zeichnungen, Pappband. ●●

Kleingärten
Planen · Anlegen · Pflegen
(**1015**-X) Von H. Jantra, 88 S., 123 Farbfotos, 1 s/w-Foto, 14 Farbzeichnungen, kart. ●●

Reihenhausgärten
Planen · Anlegen · Pflegen
(**1016**-8) Von H. Jantra, 104 S., 134 Farbfotos, 45 Farbzeichnungen, kart. ●●

Steingärten Wirkungsvoll gestalten und sachgerecht pflegen
(**4452**-6) Von A. Throll-Keller, 128 S., 203 Farbfotos, 56 Farbzeichnungen, Pappband. ●●●●

Gartenteiche, Tümpel und Weiher
naturnah anlegen und pflegen
(**1073**-7) Von Dr. F. Liedl, H. Goos, 80 S., ca. 60 Farbfotos, ca. 40 Farbzeichnungen, kartoniert. ●●

Wasser im Garten
Von der Vogeltränke zum Naturteich - Natürliche Lebensräume selbst gestalten.
(**4230**-2) Von H. Hendel, P. Keßeler, 240 S., 315 Farbabb., 11 s/w-Fotos, Pappband. ●●●●●

Mein kleiner Gartenteich
planen – anlegen – pflegen
(**0851**-1) Von I. Polaschek, 144 S., 108 Farbabb., 6 s/w-Zeichnungen, kart. ●●

Häuser in lebendigem Grün
Fassaden und Dächer mit Pflanzen gestalten (**0846**-5) Von U. Mehl, K. Werk, 88 S., 116 Farbfotos, 4 Farb-und 17 s/w-Zeichn., kart. ●●

Wintergärten
Das Erlebnis, mit der Natur zu wohnen
Planen, Bauen und Gestalten.
(**4256**-6) Von LOG ID, 136 S., 130 Farbfotos, 107 Zeichnungen, Pappband. ●●●●

Rund ums Jahr erfolgreich gärtnern
Gewächshäuser
planen · bauen · einrichten · nutzen
(**4408**-9) Von Dr. G. Schoser, J. Wolff, 232 S., 368 Farbabb., 5 s/w-Fotos, Pappband. ●●●●●

Ziergräser
Über 100 Arten erfolgreich kultivieren
(**0829**-5) Von H. Jantra, 104 S., 73 Farbfotos, 6 Farbzeichnungen, kart. ●●

Das moderne Handbuch **Zimmerpflanzen**
(**4416**-X) Von H. Jantra, 304 S., 766 Farbfotos, 64 Farb-und 19 s/w-Zeichn., Pappband. ●●●●

365 Erfolgstips für schöne Zimmerpflanzen
(**0893**-7) Von H. Jantra, 144 S., 215 Farbfotos, kart. ●●

Prof. Stelzers grüne Sprechstunde
Gesunde Zimmerpflanzen
Krankheiten erkennen und behandeln · Mit neuem Diagnosesystem.
(**4274**-4) Von Prof. Dr. G. Stelzer, 192 S., 410 Farbfotos, 10 s/w-Zeichnungen, Pappband. ●●●●

Hydrokultur
Pflanzen ohne Erde - mühelos gepflegt
(**0944**-5) Von H.-A. Rotter, 144 S., 167 Farbfotos, 13 Farbzeichnungen, kart. ●●

Zimmerpflanzen in Hydrokultur
Leitfaden für problemlose Blumenpflege.
(**0660**-8) Von H.-A. Rotter, 32 S., 76 Farbfotos, 8 farbige Zeichn., Pappband. ●

Zimmerbäume, Palmen und andere Blattpflanzen
Standort, Pflege, Vermehrung, Schädlinge
(**5111**-5) Von G. Schoser, 96 S., 98 Farbfotos, 7 Zeichnungen, Pappband. ●●

Bonsai Japanische Miniaturbäume und Miniaturlandschaften. Anzucht, Gestaltung und Pflege.
(**4091**-1) Von B. Lesniewicz, 160 S., 106 Farbfotos, 46 s/w-Fotos, 115 Zeichnungen, gebunden. ●●●●●

Keime, Sprossen, Küchenkräuter
am Fenster ziehen - rund ums Jahr
(**0658**-6) Von F. und H. Jantzen, 32 S., 55 Farbfotos, Pappband. ●

Falken-Handbuch **Orchideen**
Lebensraum, Kultur, Anzucht und Pflege.
(**4231**-0) Von G. Schoser, 144 S., 121 Farbfotos, 28 Farbzeichnungen, Pappband. ●●●

Fibel für Kakteenfreunde
(**0199**-1) Von H. Herold, 102 S., 23 Farbfotos, 37 s/w-Abb., kart. ●

Kakteen und andere Sukkulenten
300 Arten mit über 500 Farbfotos.
(**4116**-0) Von G. Andersohn, 316 S., 520 Farbfotos, 193 Zeichnungen, Pappband. ●●●●

Grzimek Juniors **BUNTE TIERWELT**
(**4295**-7) Von Chr. Grzimek, 208 S., 308 Farbfotos, Pappband. ●●●

Falken-Handbuch **Hunde**
(**4118**-7) Von H. Bielfeld, 176 S., 222 Farb- und 73 s/w-Abb., Pappband. ●●●●

Das neue Hundebuch
Rassen · Aufzucht · Pflege
(**0009**-X) Von W. Busack, überarbeitet von Dr. med. vet. A. H. Hacker und H. Bielfeld, 112 S., 8 Farbt., 27 s/w-Fotos, 6 Zeichn., kart. ●

Hundeausbildung
Verhalten - Gehorsam - Ausbildung
(**0346**-3) Von Prof. Dr. R. Menzel, 88 S., 19 Fotos, kart. ●

Grundausbildung für Gebrauchshunde
Schäferhund, Boxer, Rottweiler, Dobermann, Riesenschnauzer, Airedaleterrier, Hovawart und Bouvier.
(**0801**-5) Von M. Schmidt und W. Koch, 104 S., 8 Farbtafeln, 51 s/w-Fotos, 5 s/w-Zeichnungen, kart. ●

Der Hund in der Familie
(**1014**-1) Von J. Werner, 128 S., 106 Farbfotos, kartoniert. ●●

Der Deutsche Schäferhund
Aufzucht, Pflege und Ausbildung.
(**0073**-1) Von A. Hacker, 104 S., 56 Abb., kart. ●

Alles über junge Hunde
(**0863**-5) Von Dr. med. vet. E.M. Bartenschlager, 64 S., 49 Farbfotos, 6 Zeichnungen, kart. ●

Richtige Hundeernährung
(**0811**-2) Von Dr. med. vet. E.M. Bartenschlager, 80 S., 51 Farbfotos, 4 Farbzeichn., kart. ●

Hundekrankheiten
(**1077**-X) Von Dr. med. vet. R. Spangenberg, 96 S., 44 Farb- und 1 s/w-Foto, 22 Farbzeichnungen, kartoniert. ●●

Falken-Handbuch **Katzen**
(**4158**-6) Von B. Gerber, 176 S., 294 Farb- und 88 s/w-Fotos, Pappband. ●●●●

Das neue Katzenbuch
Rassen · Aufzucht · Pflege.
(**0427**-3) Von B. Eilert-Overbeck, 120 S., 14 Farbfotos, 26 s/w-Fotos, kart. ●

Junge Katzen
(**0862**-7) Von Dr. med. vet. E.M. Bartenschlager, 72 S., 40 Farbf., 4 Farbzeichn., kart. ●

Falken-Handbuch **Pferde**
(**4186**-1) Von H. Werner, 176 S., 196 Farb- und 50 s/w-Fotos, 100 Zeichn., Pappband. ●●●●

Reiten im Bild
(**0415**-X) Von H. Werner, 128 S., 142 Farbfotos, 107 Farbzeichng., kartoniert. ●●

Der Hobby-Imker
(**0978**-X) Von Dr. R.F.A. Moritz, 144 S., 106 zweifarbige Zeichnungen, kart. ●●

Geflügelhaltung als Hobby
(**0749**-3) Von M. Baumeister, H. Meyer, 184 S., 8 Farbtafeln, 47 s/w-Fotos, 15 zweif. Zeichnungen, kart. ●●

Sittiche und kleine Papageien
(**0864**-3) Von Dr. med. vet. E.M. Bartenschlager, 88 S., 84 Farbfotos, 9 Zeichnungen, kart, ●

Alles über **Kanarienvögel**
(**0901**-1) Von H. Schnoor, 64 S., 58 Farbfotos und Zeichnungen, kartoniert. ●

Die Tiersprechstunde
Artgerechte Vogelfütterung im Winter
(**0908**-9) Von Dr. W. Keil, 64 S., 51 Farbfotos und Zeichnungen, kartoniert. ●

Papageien und Sittiche
Arten · Pflege · Sprechunterricht
(**0591**-1) Von H. Bielfeld, 112 S., 8 Farbtafeln, kart. ●

Süßwasser-Aquarium
(**4191**-8) Von H. J. Mayland, 288 S., 564 Farbfotos, 75 Zeichnungen, Pappband. ●●●●

Das Süßwasser-Aquarium
Einrichtung · Pflege · Fische · Pflanzen
(**0153**-3) Von H. J. Mayland, 152 S., 16 Farbtafeln, 43 s/w-Zeichnungen, kart. ●●

Die Tiersprechstunde
Gesunde Fische im Süßwasseraquarium
(**1013**-3) Von H. J. Mayland, 96 S., 73 Farbfotos, 10 Zeichng., kartoniert. ●

Tiere im Wassergarten
(**0808**-2) Von Dr. med. vet. E.M. Bartenschlager, 96 S., 84 Farbf., 7 Zeichn., kart. ●

Die Tiersprechstunde
Alles über Zwerg- und Goldhamster
(**1012**-5) Von M. Mettler, 96 S., 96 Farbfotos, kartoniert. ●

Alles über Meerschweinchen
(**0809**-0) Von Dr. med. vet. E.M. Bartenschlager, 72 S., 43 Farbf., 11 Farbzeichn., kart. ●

Alle über Igel in Natur und Haus
(**0810**-4) Von Dr. med. vet. E.M. Bartenschlager, 68 S., 51 Farbfotos, kart. ●

Falken-Handbuch **Umweltschutz**
Das Öko-Testbuch zur Eigeninitiative.
(**4160**-8) Von M. Häfner, 352 S., 411 Farbf., 152 Farbzeichnungen, Pappband. ●●●●

Rat und Wissen

Traumreisen
Unterwegs auf den schönsten Straßen der Welt
(**4468**-2) Von T. Pehle, 192 S., 312 Farbfotos, 12 Übersichtskarten, Pappband. ●●●●

Vom Morgenland ins Reich der Abendgöttin
Lebensbilder aus dem Nahen und Fernen Osten
(**4449**-6) Von J. Schneider, H. Schoen, 160 S., 266 Farbfotos, 1 farbige Karte, Pappband. ●●●●

Keinen Mann um jeden Preis
Das neue Selbstverständnis der Frau in der Partnerbeziehung
(**4440**-2) Von Shere Hite, Kate Colleran, 208 S., Pappband. ●●●

Haushaltstips praktisch und umweltfreundlich
(**1046**-X) Von K. Winkell, 96 S., 36 Zeichnungen, kartoniert. ●

Umgangsformen heute
Die Empfehlungen des Fachausschusses für Umgangsformen (**4015**-6) 252 S., 108 s/w-Fotos, 17 Zeichnungen, Pappband. ●●●

Benehmen bei Tisch
(**0988**-7) Von I. Cording, 80 S., 90 Farbfotos, 5 s/w-Zeichnungen, kart. ●●

Der gute Ton
in Gesellschaft und Beruf
(**0063**-4) Von I. Wolter, 80 S., 42 s/w-Fotos, 7 Zeichnungen, kartoniert. ●

Familienforschung · Ahnentafel · Wappenkunde
Wege zur eigenen Familienchronik
(**0744**-2) Von P. Bahn, 128 S., 8 Farbtafeln, 30 Abbildungen, kart. ●●

Wie soll es heißen?
(**0211**-4) Von D. Köhr, 136 S., kart. ●

Die Silberhochzeit
Vorbereitung · Einladung · Geschenkvorschläge · Dekoration · Festablauf · Menüs · Reden · Glückwünsche. (**0542**-3) Von K.F. Merkle, 112 S., 41 Zeichnungen, kart. ●

Wir feiern Hochzeit
Phantasievolle und moderne Festgestaltung
(**0943**-7) Von H.J. Winkler, 112 S., kart. ●

Wir heiraten
Ratgeber zur Vorbereitung und Festgestaltung der Verlobung und Hochzeit. (**4188**-8) Von C. Poensgen, 216 S., 8 s/w-Fotos, 30 s/w-Zeichn., 8 Farbt., Pappband. ●●●

Von der Verlobung zur Goldenen Hochzeit
(**0393**-5) Von E. Ruge, 112 S., kart. ●

Hochzeits- und Bierzeitungen
Muster, Tips und Anregungen. (**0288**-2) Von H.-J. Winkler, mit vielen Text- und Gestaltungsanregungen, 116 S., 15 Abb., 1 Musterzeitung, kart. ●

Moderne Korrespondenz
Handbuch für erfolgreiche Briefe
(**4014**-8) Von H. Kirst und W. Manekeller, 544 S., Pappband. ●●●●

Der richtige Brief
zu jedem Anlaß
Das moderne Handbuch mit 400 Musterbriefen
(**4179**-9) Von H. Kirst, 376 S., Pappband. ●●●

Musterbriefe
für alle Gelegenheiten. (**0231**-9) Hrsg. von O. Fuhrmann, 240 S., kart. ●●

Privatbriefe
Muster für alle Gelegenheiten. (**0114**-2) Von I. Wolter-Rosendorf, 112 S., kart. ●

Der neue Briefsteller
Musterbriefe für alle Gelegenheiten.
(**0060**-X) Von I. Wolter-Rosendorf, 96 S., kart. ●

Erfolgstips für den Schriftverkehr
Briefgestaltung · Rechtschreibung · Zeichensetzung · Stil. (**0678**-0) Von U. Schoenwald, 112 S., kart. ●

Geschäftliche Briefe
des Privatmanns, Handwerkers, Kaufmanns
(**0041**-3) Von A. Römer, 124 S., kart.●

Behördenkorrespondenz
Musterbriefe · Anträge · Einsprüche
(**0412**-5) Von E. Ruge, 112 S., kart.●

FALKEN-Software
TEXAD
Das komfortable Korrespondenzprogramm für den privaten und geschäftlichen Bereich
(**7017**-9) 2 Disketten für IBM-PC + Kompatible, 5 1/4'', mit Begleitheft, Einführungspreis: **DM 198,–***, S 1980,–*, SFr 193,30 bis 11.10.1990, danach **DM 258,–***, S 2580,–*, SFr 251,70.
(**7048**-9) Diskette 3 1/2'', mit Handbuch. ●●●●●*

(**7049**-7) Demo-Version 5 1/4'', o. Handbuch. ●●*

(**7050**-0) Demo-Version 3 1/2'', o. Handbuch. ●●*

Worte und Briefe der Anteilnahme
(**0464**-8) Von E. Ruge, 96 S., mit vielen Abb., kart. ●

Briefe zu Geburt und Taufe
Glückwünsche und Danksagungen. (**0802**-3) Von H. Beitz, 96 S., 12 Zeichnungen, kart. ●

Briefe zum Geburtstag
Glückwünsche und Danksagungen. (**0822**-8) Von H. Beitz, 104 S., 22 Zeichnungen, kart. ●

Briefe der Liebe
Anregungen für gefühlvolle und zärtliche Worte. (**0903**-8) Hrsg. von H. Beitz, 96 S., 4 Zeichnungen, kart. ●

Briefe zur Hochzeit
Glückwünsche und Danksagungen
(**0852**-X) Von R. Röngen, 96 S., 1 Zeichnung, 39 Vignetten, kart. ●

Reden und Ansprachen
für jeden Anlaß. (**4009**-1) Hrsg. von F. Sicker, 454 S., gebunden. ●●●●

Die Kunst der freien Rede
Ein Intensivkurs mit vielen Übungen, Beispielen und Lösungen.
(**4189**-6) Von G. Hirsch, 232 S., 11 Zeichnungen, Pappband. ●●●

Die überzeugende Rede
Mehr Erfolg durch bessere Rhetorik
(**0076**-6) Von K. Wolter, G. Kunz, 96 S., kart. ●

Festreden und Vereinsreden
Muster für alle Gelegenheiten
(**0069**-3) Von K. Lehnhoff, E. Ruge, 96 S., kart. ●

Trinksprüche, Gästebuchverse, Richtsprüche
(**0224**-6) Von D. Kellermann, 96 S., kart. ●

Trinksprüche
Fest- und Damenreden in Reimen
(**0791**-4) Von L. Metzner, 96 S., 14 s/w-Zeichnungen, kart. ●

Glückwünsche, Toasts und Festreden zur Hochzeit
(**0264**-5) Von I. Wolter, 112 S., 18 Zeichnungen, kart. ●

Reden zur Taufe, Kommunion und Konfirmation
(**0751**-5) Von G. Georg, 96 S., kart. ●

Reden zur Hochzeit
Musteransprachen für Hochzeitstage
(**0654**-3) Von G. Georg, 112 S., kart. ●

Reden zu Familienfesten
Musteransprachen für viele Gelegenheiten (**0675**-6) Von G. Georg, 112 S., kart. ●

Reden zum Geburtstag
Musteransprachen für familiäre und offizielle Anlässe. (**0773**-6) Von G. Georg, 96 S., kart. ●

Reden im Verein
Musteransprachen für viele Gelegenheiten (**0703**-5) Von G. Georg, 112 S., kart. ●

Reden zum Jubiläum
Musteransprachen für viele Gelegenheiten (**0595**-4) Von G. Georg, 112 S., kart. ●

Reden und Sprüche zu Grundsteinlegung, Richtfest und Einzug
(**0598**-0) Von A. Bruder, G. Georg, 96 S., kart. ●

Reden zum Ruhestand
Musteransprachen zum Abschluß des Berufslebens (**0790**-6) Von G. Georg, 104 S., kart. ●

Neue Glückwunschfibel
für groß und klein. (**0156**-8) Von R. Christian-Hildebrandt, 96 S., 13 Vignetten, kart. ●

Großes Buch der Glückwünsche
(**0255**-6) Hrsg. von O. Fuhrmann, 176 S., 77 Zeichnungen und viele Gestaltungsvorschläge, kart. ●●

Herzliche Glückwünsche!
Die schönsten Gedichte und Texte für viele Gelegenheiten. (**0942**-9) Hrsg. Von B.H. Bull, 256 S., 50 Zeichnungen, Pappband. ●●

Der Verseschmied
Kleiner Leitfaden für Hobbydichter. Mit Reimlexikon. (**0597**-0) Von T. Parisius, 96 S., 28 Zeichnungen, kart. ●

Verse fürs Poesiealbum
(**0241**-6) Von I. Wolter, 96 S., 20 Abb., kart. ●

Rosen, Tulpen, Nelken...
Beliebte Verse fürs Poesiealbum
(**0431**-1) Von W. Pröve, 96 S., 11 Faksimile-Abb., kart. ●

Kindergedichte zur grünen, silbernen und goldenen Hochzeit
(**0318**-8) Von H.-J. Winkler, 104 S., 20 Abb., kart. ●

Glückwunschverse für Kinder
(**0277**-7) Von B. Ulrici, 80 S., kart. ●

Kindergedichte für Familienfeste
(**0860**-0) Von B.H. Bull, 96 S., 20 Zeichnungen, kart. ●

Kindergedichte rund ums Jahr
(**1040**-0) Von A. Schweiggert, 80 S., 49 Zeichnungen, 6 Vignetten, kartoniert. ●

Ins Gästebuch geschrieben
(**0576**-8) Von K.H. Trabeck, 96 S., 24 Zeichnungen, kart. ●

Die schönsten Wander- und Fahrtenlieder
(**0462**-1) Hrsg. Von F.R. Miller, empfohlen vom Deutschen Sängerbund, 80 S., mit Noten und Zeichnungen, kart. ●

Die schönsten Volkslieder
(**0432**-X) Hrsg. Von D. Walther, 128 S., mit Noten und Zeichnungen, kart. ●

Erziehungsgeld, Mutterschutz, Erziehungsurlaub
Das neue Recht für Eltern
(**0835**-X) Von J. Grönert, 144 S., kart. ●

Liebe ja – Ehe nein
Die nichteheliche Lebensgemeinschaft
(**1071**-0) Von T. Drewes, 104 S., 8 s/w-Zeichnungen, kartoniert. ●

Scheidung und Unterhalt
nach dem neuen Eherecht. (**0403**-6) Von T. Drewes, 112 S., mit Kosten und Unterhaltstabellen, kart. ●

Was heißt hier minderjährig?
(**0765**-5) Von R. Rathgeber, C. Rummel, 148 S., 50 Fotos, 25 Zeichnungen, kart. ●●

Testament und Erbschaft
Erbfolge, Rechte und Pflichten der Erben, Erbschafts-und Schenkungssteuer, Mustertestamente. (**4139**-X) Von T. Drewes, R. Hollender, 304 S., Pappband. ●●●

Erbrecht und Testament
Mit Erläuterungen des Erbschaftssteuergesetzes von 1974. (**0046**-4) Von Dr. jur. H. Wandrey, 124 S., kart. ●

Der letzte Wille
Ratgeber für Erblasser, Erben und Hinterbliebene in Rechts-, Versorgungs- und Steuerfragen
(**0939**-9) Von T. Drewes, 136 S., 9 s/w-Zeichnungen, kart. ●●

Mietrecht
Leitfaden für Mieter und Vermieter
(**0479**-6) Von J. Beuthner, 196 S., kart. ●●

Präzise Ratschläge für **Ihre optimale Rente**
Vorbereitung · Berechnungsgrundlagen · Gesetzesänderungen · Individuelle Rechenbeispiele. (**0806**-6) Von K. Möcks, 96 S., 24 Formulare, 1 Graphik, kart. ●

Das große farbige Kinderlexikon
(**4195**-0) Von U. Kopp, 320 S., 493 Farbabb. 17 s/w-Fotos, Pappband. ●●●

Gitarre spielen
Ein Grundkurs für den Selbstunterricht
(**0534**-2) Von A. Roßmann, 96 S., 1 Schallfolie, 150 Zeichnungen, kart. ●●●

So lernt man leicht und schnell
Maschinenschreiben
Lehrbuch für Schulen, Lehrgänge und Selbstunterricht. (**0568**-7) Von M. Kempkes, 112 S., 48 Zeichnungen, kart. ●●

FALKEN-Software
Maschinenschreiben
In 10 Tagen spielend gelernt. Von Unterichtsmedien Hoppius. (**7008**-X) Diskette für den C 64 und C 128 PC ●●●●*

FALKEN-Software
Maschinenschreiben und Tastaturtraining für Computer
(**7009**-8) Von B. Hoppius, Diskette 5 1/4'' u. 3 1/2'' für IBM PC + Kompatible, mit Begleitheft. ●●●●●*

Maschinenschreiben im Selbstunterricht
(**0170**-3) Von A. Fonfara, 88 S., kart. ●

Buchführung leicht gemacht
Ein methodischer Grundkurs für den Selbstunterricht. (**4238**-8) Von D. Machenheimer, R. Kersten, 252 S., Pappband. ●●●

Buchführung leicht gefaßt
Für Handwerker, Gewerbetreibende und freiberuflich Tätige. (**0127**-4) Von R. Pohl. 104 S., kart. ●

Stenografie leicht gelernt
im Kursus oder Selbstunterricht
(**0266**-1) Von H. Kaus, 64 S., kart. ●

Erfolgreiche Bewerbung um einen Ausbildungsplatz
(**0715**-9) Von H. Friedrich, 128 S., kart. ●

Bewerbungsstrategien
Erfolgreiche Konzepte für Karrierebewußte (**1027**-3) Von Dr. W. Reichel, 128 S., kartoniert. ●●

Die Bewerbung
Der moderne Ratgeber für Bewerbungsbriefe, Lebenslauf und Vorstellungsgespräche. (**4138**-1) Von W. Manekeller, 264 S., Pappband. ●●

Lebenslauf und Bewerbung
Beispiele für Inhalt, Form und Aufbau
(**0428**-1) Von H. Friedrich, 112 S., kart. ●

Die erfolgreiche Bewerbung
Bewerbung und Vorstellung. (**0173**-8) Von W. Manekeller, U. Schoenwald, 144 S., kart. ●●

Erfolgreiche Bewerbungsbriefe und Bewerbungsformen
(**0138**-X) Von W. Manekeller, U. Schoenwald, 88 S., kart. ●

Die Handschrift als Spiegel des Charakters
Graphologie
(**1025**-7) Von Dr. W. Busch, 104 S., 87 Schriftproben, kartoniert. ●

Vorstellungsgespräche
sicher und erfolgreich führen. (**0636**-5) Von H. Friedrich, 144 S., kart. ●

Keine Angst vor Einstellungstests
Ein Ratgeber für Bewerber. (**0793**-6) Von Ch. Titze. 120 S., 67 Zeichnungen, kart. ●

FALKEN-Software
Einstellungstests
(**7013**-6) Von B. Hoppius, Wendediskette für C 64/C 128 PC, mit Begleitheft, ●●●●*

Die ersten Tage am neuen Arbeitsplatz
Ratschläge für den richtigen Umgang mit Kollegen und Vorgesetzten
(**0855**-4) Von H. Friedrich, 104 S., kart. ●

Zeugnisse im Beruf
richtig schreiben, richtig verstehen
(**0544**-X) Von H. Friedrich, 112 S., kart. ●

So werde ich erfolgreich
Ratschläge und Tips für Beruf und Privatleben. (**0918**-6) Von H. Hans, 104 S., kart. ●●

Wege zum Börsenerfolg
Aktien · Anleihen · Optionen
(**4275**-2) Von H. Krause, 252 S., 4 s/w-Fotos, 86 Zeichnungen, Pappband. ●●●

FALKEN-Software
Börsenfieber
Spielend spekulieren mit Geld und Aktien
(**7016**-0) IBM PC und Kompatible, Diskette 5 1/4'', mit Begleitheft, ●●●●●*

Konvertierungen:
(**7026**-8) für C 64/C 128 PC, mit Begleitheft
(**7027**-6) für Atari ST 520/1040, mit Begleitheft
(**7028**-4) für Amiga, mit Begleitheft
(**7044**-6) für IBM PC + Kompatible, Diskette 3 1/2'', mit Begleitheft

Schülerlexikon der Mathematik
Formeln, Übungen und Begriffserklärungen für die Klassen 5–10. (**0430**-3) Von R. Müller, 176 S., 96 Zeichnungen, kart. ●

Mathematik verständlich
Zahlenbereiche Mengenlehre, Algebra, Geometrie, Wahrscheinlichkeitsrechnung, Kaufmännisches Rechnen. (**4135**-7) Von R. Müller, 652 S., 10 s/w- und 109 Farbfotos, 802 Farbabb. und 79 s/w-Zeichnungen, über 2500 Beispiele und Übungen mit Lösungen, Pappband. ●●●●●

Mehr Erfolg in der Schule **Mathematik 1**
Arithmetik und Algebra
Übungen, Beispiele und Lösungen für die Klasse 5 bis 10
(**4420**-8) Von R. Müller-Fonfara, 256 S., 193 Zeichn., 2 s/w-Fotos, Pappband. ●●●

Mathematik 2
Geometrie, Statistik, Wahrscheinlichkeitsrechnung und kaufmännisches Rechnen
(**4456**-9) Von R. Müller-Fonfara, W. Scholl, 256 S., 6 s/w-Fotos, 304 Zeichnungen, Pappband. ●●●

Mathematische Formeln für Schule und Beruf
Mit Beispielen und Erklärungen. (**0499**-0) Von R. Müller-Fonfara, 156 S., 210 Zeichnungen, kart. ●

Rechnen aufgefrischt für Schule und Beruf.
(**0100**-2) Von H. Rausch, 144 S., kart. ●

FALKEN-Software
Wirtschaftsrechnen in Beruf und Alltag
(**7037**-3) Diskette für IBM-PC und Kompatible, mit Begleitheft. ●●●●●*

Physik verständlich
Förderkurs für die Klassen 7 bis 10
(**0926**-7) Von Dr. Th. Neubert, 136 S., 146 s/w-Zeichnungen, 166 Aufgaben, kart. ●●

Richtige Groß- und Kleinschreibung
durch neue, vereinfachte Regeln. Erläuterungen der Zweifelsfragen anhand vieler Beispiele. (**0897**-X) Von Prof. Dr. Ch. Stetter, 96 S., kart. ●

Gutes Deutsch schreiben und sprechen
(**4432**-1) Von W. Manekeller, Dr. G. Reinert-Schneider, 416 S., durchgehend zweifarbig, Pappband. ●●●●

Deutsche Grammatik
Ein Lern- und Übungsbuch. (**0704**-3) Von K. Schreiner, 112 S., kart. ●

Mehr Erfolg in der Schule
Deutsche Rechtschreibung und Grammatik
Übungen und Beispiele für die Klassen 5–10. (**4407**-0) Von K. Schreiner, 256 S., durchgehend zweifarbig, Pappband. ●●●

Richtiges Deutsch
Rechtschreibung · Zeichensetzung · Grammatik · Stilkunde. (**0551**-2) Von K. Schreiner, 128 S., 7 Zeichnungen, kart. ●

Mehr Erfolg in der Schule
Der Deutschaufsatz
Übungen und Beispiele für die Klassen 5–10. (**4271**-X) Von K. Schreiner, 240 S., 4 s/w-Fotos, 51 Zeichnungen, Pappband. ●●●

Aufsätze besser schreiben
Förderkurs für die Klassen 4–10. (**0429**-X) Von K. Schreiner, 144 S., 4 s/w-Fotos, 27 Zeichnungen, kart. ●●

Mehr Erfolg in Schule und Beruf
Besseres Deutsch
Mit Übungen und Beispielen für Rechtschreibung, Diktate, Zeichensetzung, Aufsätze, Grammatik, Literaturbetrachtung, Stil, Briefe, Fremdwörter, Reden. (**4115**-2) Von K. Schreiner, 444 S., 7 s/w-Fotos, 27 Zeichnungen, Pappband. ●●●

Richtige Zeichensetzung
durch neue, vereinfachte Regeln. Erläuterungen der Zweifelsfragen anhand vieler Beispiele. (**0744**-4) Von Prof. Dr. Ch. Stetter, 160 S., kart. ●

Diktate besser schreiben
Übungen zur Rechtschreibung für die Klasse 4–8. (**0469**-9) Von K. Schreiner, 152 S., 31 Zeichnungen, kart. ●

Besseres Englisch
Grammatik und Übungen für die Klassen 5 bis 10. (**0745**-0) Von E. Henrichs, 144 S., kart. ●●

Mehr Erfolg in der Schule
Englische Grammatik
Regeln und Übungen für die Klassen 5 bis 13 (**4431**-3) Von E. Heinrichs-Kleinen, 256 S., durchgehend zweifarbig, Pappband. ●●●

FALKEN-Software
The Grammar-Master
Englische Grammatik üben und beherrschen (**7002**-0) Diskette für den C 64/C 128 PC ●●●●*

Konvertierungen:
(**7030**-6) Diskette für IBM PC + Kompatible, mit Begleitheft. ●●●●●*
(**7031**-4) Diskette für Atari ST 520/1040, mit Begleitheft. ●●●●●*
(**7032**-2) Diskette für Amiga, mit Begleitheft. ●●●●●*

FALKEN-Software
Take a Trip to Britain
(**7004**-7) Von reLine, Diskette für C 64/C 128 PC, mit Begleitheft. ●●●●*

Konvertierungen:
(**7039**-X) Diskette 5 1/4" für IBM PC + Kompatible, mit Begleitheft. ●●●●●*

FALKEN-Software
Vokabeltrainer Englisch
Von B. Hoppius. (**7001**-2) 2 Disketten für C 64/C 128 PC, mit Begleitheft. ●●●●●*
(**7007**-1) Wendediskette für Atari ST 520/1040, mit Begleitheft. ●●●●●*

FALKEN-Software
Vokabel Trainer Französisch
Über 2000 Vokabeln und Redewendungen (**7018**-7) Systemdiskette u. Wendediskette für C 64/C 128 PC, mit Begleitheft,
(**7019**-5) Diskette für IBM-PC und Komp., mit Begleitheft. ●●●●●

FALKEN-Software
Bon voyage
Spielend Französisch lernen mit dem Computer
(**7036**-5) Diskette für IBM PC + Kompatible, mit Begleitheft. ●●●●●*

Konvertierungen:
(**7042**-X) Diskette für Atari ST 520/1040, mit Begleitheft. ●●●●●*
(**7043**-8) Diskette für Amiga, mit Begleitheft. ●●●●●*

FALKEN-Software
Vokabel Trainer Latein
(**7022**-5) Von B. Hoppius, Wendediskette für C 64/C 128 PC, mit Begleitheft. ●●●●●

Konvertierungen:
(**7033**-0) Diskette für IBM PC + Kompatible, mit Begleitheft. ●●●●●*

Schnell und sicher zum Führerschein
Tips und Tricks aus 30jähriger-Fahrschul-Praxis. (**0921**-6) Von O. Einert, 152 S., 156 Farbfotos, 161 z.T. farb. Zeichnungen, kart. ●●

FALKEN-Software
Schnell und sicher zum Führerschein
Intensivtraining mit dem amtlichen Fragenkatalog
(**7011**-X) Diskette für C 64/C 128 PC, mit Begleitheft und Fragenkatalog. ●●●●●*

Konvertierungen:
(**7024**-1) Diskette für Atari ST 520/1040, mit Begleitheft. ●●●●●*
(**7029**-2) Diskette für Amiga, mit Begleitheft. ●●●●●*

Die neue Lebenshilfe **Biorhythmik**
Höhen und Tiefen der persönlichen Lebenskurven vorausberechnen und danach handeln. (**0458**-3) Von W. A. Appel, 157 S., 63 Zeichnungen, Pappband. ●●

Wie Sie im Schlaf das Leben meistern
Schöpferisch träumen
Der Klartraum als Lebenshilfe
(**4258**-2) Von Prof. D. P. Tholey, K. Utecht. 280 S., 1 s/w-Foto, 20 Zeichn., Pbd. ●●●

Falken-Handbuch **Astrologie**
Charakterkunde · Schicksal · Liebe und Beruf · Berechnung und Deutung von Horoskopen · Aszendenttabelle. (**4068**-7) Von B.A. Mertz, 342 S., mit 60 erläuternden Grafiken, Pappband. ●●●

Wahrsagen mit Tarot-Karten
(**0482**-6) Von E.J. Nigg, 112 S., 4 Farbtafeln, 52 s/w-Abb., Pappband. ●

Selbst wahrsagen mit Karten
Die Zukunft in Liebe, Beruf und Finanzen (**0404**-4) Von R. Koch, 80 S., 252 Abb., Pappband. ●

Die 12 Tierzeichen
Chinesisches Horoskop
(**0423**-0) Von G. Haddenbach, 128 S., Pappb. ●

Die 12 Sternzeichen
Charakter, Liebe und Schicksal. (**0385**-4) Von G. Haddenbach, 136 S., kart. ●●

Partnerschaftshoroskop
Glück und Harmonie mit Ihrem Traumpartner. (**0587**-3) Von G. Haddenbach, 112 S., 11 Zeichnungen, kart. ●

Sternstunden
für Liebe, Glück und Geld, Berufserfolg und Gesundheit. Das ganz persönliche Mitbringsel für **Widder** (**0621**-7), **Stier** (**0622**-5), **Zwillinge** (**0623**-3), **Krebs** (**0624**-1), **Löwe** (**0625**-7), **Jungfrau** (**0626**-8), **Waage** (**0627**-6), **Skorpion** (**0628**-4), **Schütze** (**0629**-2), **Steinbock** (**0630**-6), **Wassermann** (**0631**-4), **Fische** (**0632**-2) Von L. Cancer, 62 S., durchgehend farbig, Zeichnungen, Pappband. ●

Im Zeichen der Sterne
(**0951**-8) Der feurige Widder
(**0952**-6) Der willensstarke Stier
(**0953**-4) Die vielseitigen Zwillinge
(**0954**-2) Der feinfühlige Krebs
(**0955**-0) Der königliche Löwe
(**0956**-9) Die zuverlässige Jungfrau
(**0957**-7) Die charmante Waage
(**0958**-5) Der leidenschaftliche Skorpion
(**0959**-3) Der temperamentvolle Schütze
(**0960**-7) Der treue Steinbock
(**0961**-5) Der selbstbewußte Wassermann
(**0962**-3) Die romantischen Fische
Von G. Haddenbach, 64 S., 35 Farbfotos, Pappband. ●

Humor und Unterhaltung

Heitere Vorträge
(**0528**-8) Von E. Müller, 128 S., 14 Zeichnungen, kart. ●

So feiert man Feste fröhlicher
Heitere Vorträge und Gedichte
(**0098**-7) Von Dr. Allos, 96 S., 15 Abb., kart. ●

Heitere Vorträge und witzige Reden
Lachen, Witz und gute Laune
(**0149**-5) Von E. Müller, 104 S., 44 Abb., kart. ●

Lustige Vorträge für fröhliche Feiern
(**0284**-X) Von K. Lehnhoff, 96 S., kart. ●

Da lacht das Publikum
Neue lustige Vorträge für viele Gelegenheiten. (**0716**-7) Von H. Schmalenbach, 96 S., kart. ●

Humor und Stimmung
Ein heiteres Vortragsbuch
(**0460**-5) Von G. Wagner, 112 S., kart. ●

Gereimte Vorträge
für Bühne und Bütt. (**0567**-9) Von G. Wagner, 96 S., kart. ●

Narren in der Bütt
Leckerbissen aus dem rheinischen Karneval (**0216**-5) Zusammengestellt von T. Lücker, 112 S., kart. ●

Damen in der Bütt
Scherze, Büttenreden, Sketche
(**0354**-4) Von T. Müller, 136 S., kart. ●

Rings um den Karneval
Karnevalsscherze und Büttenreden
(**0130**-4) Von Dr. Allos, 144 S., 2 Zeichnungen, kart. ●●

Wir feiern Karneval
Festgestaltung und Reden für die närrische Zeit. (**0904**-6) Von M. Zweigler, 120 S., 7 Zeichnungen, kart. ●

Helau und Alaaf 1 Närrisches aus der Bütt
(**0304**-8) Von E. Müller, 112 S., 4 Zeichnungen, kart. ●

Helau und Alaaf 2
Neue Büttenreden für Sie und Ihn
(**0477**-X) Von E. Luft, 96 S., kart. ●

Helau und Alaaf 3
Neue Reden für die Bütt. (**0832**-5) Von H. Fauser, 112 S., 13 Zeichnungen, kart. ●

Helau und Alaaf 4
Neue Büttenreden für Sie und Ihn (**0983**-6) Hrsg. H. Fauser, 96 S., 15 s/w-Zeichn., zahlreiche Vignetten, kart. ●

Locker vom Hocker
Witzige Sketche zum Nachspielen (**4262**-0) Von W. Giller, 144 S., 41 Zeichnungen, Pappband. ●●

Sketche und Blackouts zum Nachspielen
(**0941**-0) Von E. Cohrs, 112 S., 12 Zeichnungen, kart. ●

Sketche und spielbare Witze
für bunte Abende und andere Feste. (**0445**-1) Von H. Friedrich, 112 S., 7 Zeichnungen, kart. ●

Sketche
Kurzspiele zu amüsanter Unterhaltung. (**0247**-5) Von M. Gering, 96 S., 4 s/w-Zeichnungen, kart., ●

Vorhang auf!
Neue Sketche für jung und alt. (**0898**-8) Von H. Pillau, 96 S., 22 Zeichnungen, kart. ●

Witzige Sketche zum Nachspielen
(**0511**-3) Von D. Hallervorden, 112 S., kart. ●●

Tolle Sketche
mit zündenden Pointen – zum Nachspielen. (**0656**-X) Von E. Cohrs, 112 S., kart. ●

Vergnügliche Sketche
(**0476**-1) Von H. Pillau, 96 S., 7 Zeichn., kart. ●

Lustige Sketche
Kurze Theaterstücke für Jungen und Mädchen
(**0669**-1) Von U. Lietz, U. Lange, 96 S., kart. ●

Spielbare Witze für Kinder
(**0824**-4) Von H. Schmalenbach, 112 S., 30 Zeichnungen, kart. ●

Witze
Lachen am laufenden Band (**4241**-8) Von J. Burkert, D. Kroppach; 400 S., 41 Zeichnungen, Pappband. ●●

Die besten Kalauer
(**0705**-1) Von K. Frank, 112 S., 12 Zeichnungen, kart. ●

Die besten Beamtenwitze
(**0574**-1) Von W. Pröve, 80 S., 39 Zeichnungen, kart. ●

O frivol ist mir am Abend
Pikante Witze von Fred Metzler. (**0388**-9) Von F. Metzler, 128 S., mit Karikaturen, kart. ●

Fips Asmussens Witze
am laufenden Band
(**0461**-3) 96 S., kart. ●

Spaßvögel
Über sexhundert komische Nummern (**0888**-0) Von E. Zeller, mit Limericks Von W. Müller, 220 S., 200 Vignetten, kart. ●

Heller Wahnwitz
(**0887**-2) Von D. Kroppach, 220 S., 200 Vignetten, kart. ●

Die Kleidermotte ernährt sich von nichts, sie frißt nur Löcher
Stilblüten, Sprüche und Widersprüche aus Schule, Zeitung, Rundfunk und Fernsehen. (**0738**-8) Von P. Haas, D. Kroppach, 112 S., zahlreiche Abb. kart. ●

Witzig, witzig
(**0507**-5) Von E. Müller, 128 S., 16 Zeichnungen, kart. ●

Die besten Kinderwitze
(**0757**-4) Von K. Rank, 112 S., 28 Zeichnungen, kart. ●

Ich lach mich kaputt!
Die besten Kinderwitze
(**0545**-8) Von E. Hannemann, 96 S., 10 Zeichnungen, kart. ●

Lach mit!
Witze für Kinder, gesammelt von Kindern. (**0468**-0) Von W. Pröve, 96 S., 17 Zeichnungen, kart. ●

Die besten Kurzgeschichten von Mark Twain
(**4458**-5) Ausgewählt von D. Zimmer, 128 S., Pappband. ●

Kritik des Herzens
Heiter-besinnliche Verse von Wilhelm Busch
(**4459**-3) Herausgegeben von D. Zimmer, 96 S., Pappband. ●

Die schönsten Galgenlieder von Christian Morgenstern
(**4460**-7) Ausgewählt von D. Zimmer, 128 S., Pappband. ●

Scherz und Satire von Roda Roda
(**4462**-3) Ausgewählt von D. Zimmer, 112 S., Pappband. ●

Beliebte Autoren des 19. Jahrhunderts
Englischer Humor
(**4463**-1) Ausgewählt von D. Zimmer, 112 S., Pappband. ●

Spiele und Denksport

Neues Buch der siebzehn und vier Kartenspiele
(**0095**-2) Von K. Lichtwitz, 96 S., kart. ●

Alles über Pokern
Regeln und Tricks. (**2024**-4) Von C.D. Grupp, 112 S., 29 Kartenbilder, kart. ●

Rommé und Canasta
in allen Variationen. (**2025**-2) Von C.D. Grupp, 88 S., 24 Zeichnungen, kart. ●

Doppelkopf, Schafkopf, Binokel, Cego, Tarock und andere Stammtischspiele. (**2015**-5) Von C.D. Grupp, 112 S., kart. ●

Black Jack
Regeln und Strategien des Kasinospiels. (**2032**-3) Von K. Kelbratowski, 88 S., kart. ●

Spielend Skat lernen
unter freundlicher Mitarbeit des Deutschen Skatverbandes. (**2005**-8) Von Th. Krüger, 120 S., 181 s/w-Fotos, 22 Zeichn., kart. ●

Falken-Handbuch **Patiencen**
Die 111 interessantesten Auslagen (**4151**-9) Von U.v.Lyncker, 216 S., 108 Abbildungen, Pappband. ●●●

Patiencen
in Wort und Bild. (**2003**-1) Von I. Wolter-Rosendorf, 120 S., kart. ●

Neue Patiencen
(**2036**-8) Von H. Sosna, 160 S., 43 Farbtafeln, kart. ●●

Falken-Handbuch **Bridge**
Von den Grundregeln zum Turnierspiel (**4092**-X) Von W. Voigt und K. Ritz, 280 S., 792 Zeichnungen, gebunden. ●●●●

Spielend Bridge lernen
(**2012**-0) Von J. Weiss, 96 S., 58 Zeichnungen, kart. ●

Präzisions-Treff im Bridge
(**2037**-6) Von E. Jannersten, 152 S., kart. ●●

Spieltechnik im Bridge
(**2004**-X) Von V. Mollo und N. Gardener, deutsche Adaption Von D. Schröder, 152 S., kart. ●●●

Besser Bridge spielen
Reiztechnik, Spielverlauf und Gegenspiel. (**2026**-0) Von J. Weiss, 144 S., 60 Diagramme, kart. ●●

Kartentricks
(**2010**-4) Von T.A. Rosee, 80 S., 13 Zeichnungen, kart. ●

Neue Kartentricks
(**2027**-9) Von K. Pankow, 104 S., 20 Abb., kart. ●

Das japanische Brettspiel Go
(**2020**-1) Von W. Dörholt, 104 S., 182 Diagramme, kart. ●

Mah-Jongg
Das chinesische Glücks-, Kombinations- und Gesellschaftsspiel. (**2030**-9) Von U. Eschenbach, 80 S., 30 s/w-Fotos, 5 Zeichn., kart. ●

Backgammon
für Anfänger und Könner. (**2008**-2) Von G.W. Fink und G. Fuchs, 104 S., 41 Abb., kart. ●

Das Backgammon-Handbuch
(**4422**-4) Von E. Heyken, M.B. Fischer, 232 S., 400 Abbildungen, Pappband. ●●●●

Würfelspiele
für jung und alt. (**2007**-4) Von F. Pruss, 112 S., 21 s/w-Zeichnungen, kart. ●

Roulette richtig gespielt
Systemspiele, die Vermögen brachten (**0121**-5) Von M. Jung, 96 S., zahlreiche Tabellen, kart. ●

Gesellschaftsspiele
für drinnen und draußen. (**2006**-6) Von H. Görz, 112 S., kart. ●

Spiele für Party und Familie
(**2014**-7) Von Rudi Carrell, 80 S., 22 Zeichnungen kart. ●

Neue Spiele für ihre Party
(**2022**-8) Von G. Blechner, 112 S., 54 Zeichnungen, kart. ●

Lustige Tanzspiele und Scherztänze
für Partys und Feste. (**0165**-7) Von E. Bäulke, 80 S., 53 Abb. kart. ●

Das Spiel mit der Schwerkraft
Jonglieren
mit Bällen, Keulen, Ringen und Diabolo (**1009**-5) Von S. Peter, 80 S., 149 Farbfotos, kartoniert. ●●

Magische Zaubereien
(**0672**-1) Von W. Widenmann, 64 S., 31 Zeichnungen, kart. ●

Zaubertricks für Anfänger und Fortgeschrittene
(**0282**-3) Von J. Merlin, 160 S., 113 Abb., kart. ●●

Zaubern
einfach – aber verblüffend. (**2018**-X) Von D. Bouch, 84 S., 41 Zeichnungen, kart. ●

Scherzfragen, Drudel und Blödeleien
gesammelt von Kindern. (**0506**-7) Hrsg. von W. Pröve, 80 S., 57 Zeichnungen, kart. ●

Kinderspiele
die Spaß machen. (**2009**-0) Von H. Müller-Stein, 104 S., 28 Abb., kart. ●

Kinderspiele mit Buchstaben und Wörtern
(**1041**-9) Von Dr. U. Vohland, 96 S., 53 Zeichnungen, kartoniert. ●

Spiele für Kleinkinder
(**2011**-2) Von D. Kellermann, 80 S., 23 Abb., kart. ●

Spiel und Spaß am Krankenbett
für Kinder und die ganze Familie. (**2035**-X) Von H. Bücken, 96 S., 97 Zeichnungen, kart. ●

Spiele im Freien
(**2038**-4) Von G. Wagner, 88 S., 20 zweif. Zeichnungen, kartoniert. ●

Guten Tag, Kinder!
Neue Texte mit Spielanleitungen fürs Kasperletheater. (**0861**-9) Von U. Lietz, 96 S., 18 s/w-Zeichnungen, kart. ●